ÉLAGAGE

Rédaction Larousse avec
Benoît Delalandre
d'après une idée de
Didier Willery

Illustrations :
**Philippe Bertrand,
Rémi Saillard**

Direction
de la publication :
Marie-Pierre Levallois

Direction éditoriale :
Françoise Vibert-Guigue

Responsable éditoriale :
Brigitte Bouhet,
avec la collaboration
de Michèle Lancina

Lecture-correction :
Delphine Godard

Fabrication :
Patricia Poinsard

Conception
graphique
et direction
artistique

Anne Delalandre

© Larousse/S.E.J.E.R. 2004

Dépôt légal : avril 2004

Imprimé en France par Mame (N°04022059)

ISBN : 203 553057 1

N° de projet : 10096553

Mon petit jardin

Sommaire

Comment faire **6** pousser ?

L'étonnant monde **42** des plantes

Quelle est donc cette plante ? **60**

quand planter

à planter au soleil

à planter à l'ombre

période de récolte

à planter à l'intérieur

période de floraison

à planter à l'extérieur

le conseil du jardinier

5

Comment faire pousser ?

Qu'est-ce qu'une fleur ?

Les fleurs contiennent les organes reproducteurs des plantes : les étamines (mâle) et le pistil (femelle). Elles sont belles pour mieux attirer les insectes. En volant d'une fleur à l'autre, ils déposent le pollen sur le stigmate au sommet du pistil. C'est la fécondation. Le pistil donne alors un fruit garni de graines.

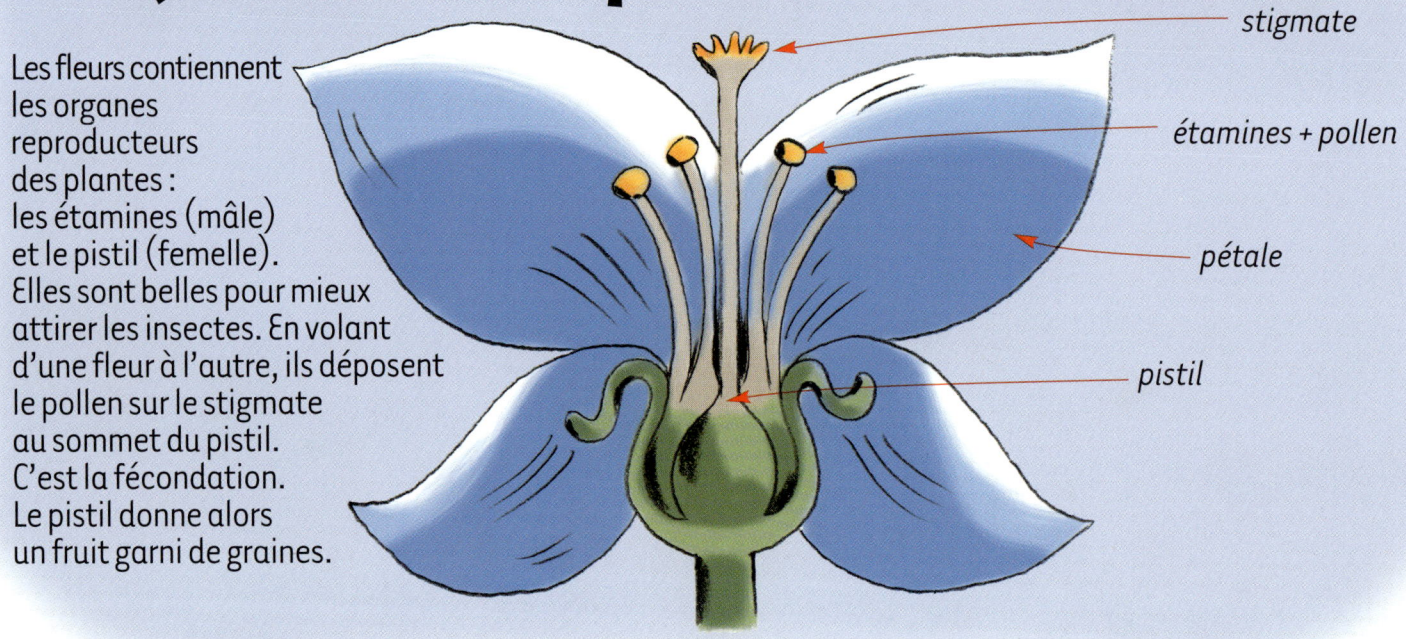

stigmate

étamines + pollen

pétale

pistil

De la fleur au fruit

éclosion de la fleur

formation du petit fruit

bouton de fleur

fruit mûr

Comment poussent les fleurs?

*Pour bien pousser, les plantes ont besoin d'eau,
de lumière et d'un minimum de chaleur.*

On sème
une graine
ou on plante
un bulbe.

On arrose
régulièrement.
Les feuilles
commencent
à sortir.

Une tige
et des boutons
apparaissent…

… puis arrive la fleur.

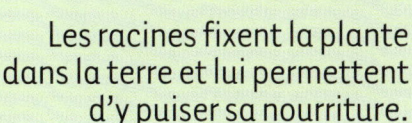

Les racines fixent la plante
dans la terre et lui permettent
d'y puiser sa nourriture.

Un mini-potager sur ton balcon

Quel plaisir de faire pousser ses petits légumes
et de les croquer tout frais.

1/ Au début du printemps, récupère une solide caissette en bois.

2/ Pose un plastique dans le fond pour que la terre ne se répande pas. Fais des petits trous dans le plastique pour que l'eau puisse s'écouler.

3/ Recouvre le plastique d'une fine couche de cailloux.

4/ Remplis ta caissette aux trois quarts avec un mélange de terre végétale et de terreau.

ÉCOLE LE PROGRÈS
25, RUE OLIER
GATINEAU (QUÉBEC) J8T 5R8
TÉL.: (819) 568-2361
FAX: (819) 568-5027

10

5/ Avant de commencer à planter, arrose bien la terre.

7/ Tu peux aussi planter quelques fleurs : des dahlias, des pensées, par exemple.

6/ Choisis des plantes qui poussent vite et prennent peu de place : radis, plants de tomates, herbes aromatiques (basilic, persil, menthe, thym).

8/ N'installe que quelques pieds de chaque espèce : 2 pieds de tomates, 3 de ciboulette... Renouvelle tes plantations au fur et à mesure de tes récoltes !

Dans un pot

Si on n'a pas de jardin, on peut (presque) tout faire pousser
dans un pot ou une jardinière. À condition de bien les préparer.

5/ Termine avec une petite couche de cailloux
ou de billes d'argile (à acheter en jardinerie).
C'est plus joli et, surtout, cela évite que la terre
sèche trop vite et se tasse.

1/ Lave bien ton pot ou ta jardinière
pour éviter les maladies.

2/ Mets des petits cailloux au fond
pour que l'eau s'écoule bien.

3/ Si tu peux mettre une peu de vraie terre,
c'est mieux. Elle garde mieux l'eau
que le terreau et contient des aliments
que le terreau n'a pas.

4/ Complète
avec du terreau.

6/ Arrose régulièrement car la terre se
dessèche plus vite dans les pots. De temps
en temps, tu peux donner un peu
de "fortifiant" à tes plantes.

Deux plantes
Essaie de mélanger
deux plantes
dans ton pot :
une qui pousse bien
droite et une autre qui
retombe. Ce sera plus
joli et cela cachera
le pot.

Dans un aquarium

1/ Prends un vieil aquarium. Remplis-le de terre aux trois quarts.

2/ Sème des radis dedans. Selon la taille de ton aquarium, tu peux aussi planter des pommes de terre, des carottes.

3/ Entoure l'aquarium d'un tissu opaque. Mais laisse le dessus de l'aquarium à l'air.

4/ Tous les jours, enlève le tissu pour observer le développement des racines.

Dans la terre

En pleine terre
Dans un jardin, les plantes poussent mieux car leurs racines peuvent s'étaler.

Fabriquer son compost
Le compost est très bon pour les plantes. Si tu as un jardin, tu peux en faire toi-même dans un coin en entassant le gazon coupé, les feuilles mortes ou les épluchures de légumes. Au bout de quelques mois tu auras un excellent engrais naturel.

Gare aux mauvaises herbes

On met une couche de feuilles mortes sur la terre

autour de ses plantations. Privées de lumière, les mauvaises herbes ne pourront pas pousser.

On les enlève tout de suite

Les mauvaises herbes s'arrachent assez facilement quand elles sont encore toutes petites. Il suffit de les tirer entre deux doigts : c'est rigolo !

On les empêche de pousser

Plante les fleurs assez près les unes des autres pour qu'elles se rejoignent au plus vite. Ainsi, il ne restera pas de place pour que les mauvaises herbes se développent.

Des plantes en forme !

On ne mouille pas le feuillage en arrosant

Il faut arroser au pied de la plante pour que l'eau ne mouille pas les feuilles, car cela favorise les maladies.

On mélange les plantes

Les maladies se répandent vite, mais ne s'attaquent qu'à une seule espèce de plante. En plantant différentes plantes ensemble, on réduit les risques.

Des copines aromatiques

L'odeur des feuilles des plantes aromatiques (lavande, sauge, thym, etc.) repousse naturellement les maladies et les petites bêtes. Plantes-en quelques-unes près des plantes fragiles : tu les protègeras des maladies.

Semer des graines

Certaines plantes, comme les radis ou les capucines, peuvent être semées directement en pleine terre ; d'autres, comme les piments et les tomates, doivent être démarrés en pots à l'intérieur.

1/ On choisit ses plantes préférées

Les graines tombent très vite quand elles sont mûres. Pour récolter les graines d'une plante que tu aimes, entoure une ou deux fleurs fanées avec un petit morceau de gaze ou un peu de film alimentaire comme celui que ta maman utilise à la cuisine.

2/ On prépare les graines

Certaines graines mettent beaucoup de temps à germer. Pour les aider, fais-les tremper une nuit complète au fond d'un verre d'eau avant de les semer.

3/ On sème

Dans un jardin, tu peux semer tes graines en creusant une ligne dans la terre.

4/ On les espace

Quand tes plantes sortent de terre, si elles sont trop serrées, enlèves-en une sur deux pour qu'elles puissent mieux pousser.

5/ Quelle est donc cette plante ?

Pour ne pas confondre tes plantations ou les prendre pour de mauvaises herbes, plante un petit bâton et accroches-y le paquet de graines vide.

Les gestes du jardinier

Creuser

Arroser

Bêcher

Biner

16

Planter

Ramasser

Semer

Mettre un tuteur

Ratisser

17

À toi de faire pousser

Des tomates cerises

 mai 　　 en plein soleil 　　🧺 été

:«*Ces petites tomates sont délicieuses et poussent facilement dans un pot.*»

1/ Achète une jeune plante
Toutes les jardineries proposent des jeunes plants de tomates cerises.

2/ Quand l'acheter ?
Après le 15 mai, pour la planter quand il ne risque plus de geler le matin.

3/ Où la planter ?
En pleine terre, en pot, sur un balcon ou une terrasse, mais toujours au soleil. N'oublie pas d'arroser 2 fois par semaine.

4/ À quelle profondeur ?
Enfonce un peu la tige dans la terre pour obtenir plus de racines.

5/ Ça pousse quand ?
Deux à 3 semaines plus tard, les premières petites fleurs jaunes éclosent. Dès que la plante atteint une trentaine de centimètres, attache-la à un tuteur (un bâton). Les premières petites tomates seront mûres vers le 14 juillet.

6/ Et après ?
Croque tes tomates cerises dès qu'elles sont rouges. Tu n'oublieras jamais leur goût délicieux ! Et recommence l'année prochaine.

Des radis

 de mai à septembre   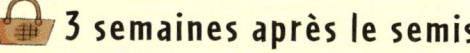 en plein soleil   🧺 3 semaines après le semis

:«Les radis poussent facilement et se récoltent très vite.»

1/ Les radis s'achètent en graines
Choisis avec tes parents une variété de radis longs ou ronds. Si tu es très pressé, achète des radis "de 18 jours".

2/ Quand les semer ?
Quand tu le désires, entre le 15 mai et le 15 septembre.
Ne sème pas toutes tes graines en même temps.

3/ Où les semer ?
Au soleil, dans une terre qui a été bêchée quelques jours auparavant. Tu peux aussi en planter dans une jardinière.

4/ À quelle profondeur ?
Trace une ligne sur la terre avec le manche de ton râteau.
Répartis les graines dans le creux de cette ligne et recouvre-les d'un peu de terre.
Arrose et c'est fini !

5/ Ça pousse quand ?
Les premières feuilles apparaissent 4 à 6 jours après avoir semé les graines. Si elles sont trop serrées, arraches-en quelques-unes.
Arrose régulièrement.

6/ Et après ?
Trois semaines après avoir semé les graines, tu commences à voir un bout de radis rose sortir de terre...
Fais une jolie botte avec tous tes radis !
Sèmes-en à nouveau pour une nouvelle récolte !

Un cactus

 toute l'année   🌱 dans la maison

:«Un cactus, ça pique, mais ça pousse presque tout seul.»

1/ Fais-le savoir !

Si tu aimes les cactus, tes parents ou tes amis t'en offriront facilement.

2/ Où le mettre ?

Près d'une fenêtre, pour que le cactus reçoive le plus de lumière possible. Tourne souvent le pot pour que toutes les faces du cactus soient éclairées de la même manière et qu'il pousse bien droit.

3/ Quand l'arroser ?

Une fois par semaine au printemps et en été. Une fois toutes les trois semaines en hiver. Marque les dates sur un calendrier pour t'en souvenir.

4/ Quand le rempoter ?

Une fois tous les deux ans, au printemps, pendant les vacances de Pâques.

5/ Est-ce qu'ils fleurissent ?

Les fleurs de cactus ressemblent à de petites marguerites. Elles ne poussent pas très vite et ne durent que quelques jours.

Une plante carnivore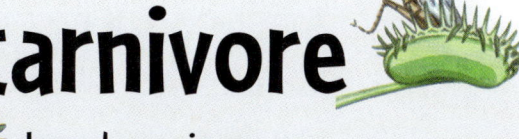

 ✏️ toute l'année 🪴 dans la maison
:«Les plantes carnivores sont fascinantes... et économiques !»

1/ On l'achète au printemps

Dans les jardineries, tu en trouveras toute l'année, mais c'est au printemps qu'elles sont les plus belles. Commence avec une dionée, l'attrape-mouches !

2/ Où la mettre ?

Dans un endroit clair, près d'une fenêtre. Elle n'a pas besoin d'être près d'un radiateur.

3/ Que lui donner à manger ?

Ses feuilles bordées de piquants se referment brusquement lorsqu'un insecte s'y pose. La dionée "mange" une mouche par semaine, mais surtout pas de viande !

4/ Quand l'arroser ?

Tous les deux jours, mouille la mousse dans laquelle la plante est cultivée. Mais ne mouille pas les feuilles.

5/ Est-ce qu'elle fleurit ?

Oui, de jolies petites fleurs roses ou jaune clair selon les espèces.

6/ Et après ?

En hiver, il faut l'arroser seulement une fois par mois. La plante fane, mais c'est normal. À partir de Mardi Gras, commence à l'arroser à nouveau, et elle va repousser.

Détecter les bonnes proies

La dionée ne se laisse pas tromper. Si on pose une brindille sur une de ses feuilles, le piège se referme, mais se rouvre aussitôt. Attention ! Chaque "feuille piège" a une vie limitée et n'effectue en tout que 3 fermetures-ouvertures, ensuite elle meurt.

Un arbre à papillons

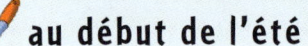 au début de l'été   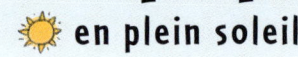 en plein soleil   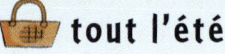 tout l'été

:«Pour attirer les papillons dans ton jardin, plante cet arbuste qui fleurit l'été.»

1/ Choisis-le en fleurs

Achète ton arbre à papillons au début de l'été dans une jardinerie. Rose, blanc, bleu ou mauve, choisis ta couleur préférée.

2/ Quand le planter ?

Aussitôt après l'achat, pour qu'il ait le temps de bien s'enraciner avant l'hiver.

3/ Où le planter ?

En plein soleil. Il aime les terres caillouteuses, même très pauvres.

4/ À quelle profondeur ?

Creuse un trou assez grand pour contenir toutes les racines.

5/ Ça pousse quand ?

La floraison dure tout l'été. Pour qu'elle dure longtemps, coupe au fur et à mesure les fleurs fanées.

6/ Et après ?

Si on le laisse pousser, l'arbre à papillons devient un grand buisson. On peut aussi couper ses branches à la fin de l'hiver.

Une orchidée

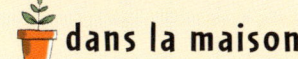 toute l'année 🌱 dans la maison

:«*Fleur des pays chauds et humides, l'orchidée est très facile à cultiver.*»

1/ Un joli cadeau
Les orchidées font des cadeaux toujours
très appréciés.

2/ Où la mettre ?
Elle aime la lumière et doit être posée près
d'une fenêtre peu ensoleillée, dans une pièce
bien aérée, mais sans courants d'air.
Ne la place pas près d'un radiateur,
elle se dessècherait.

3/ Quand l'arroser ?
Tous les jours, avec un petit brumisateur rempli
d'eau à la même température que la pièce.
Pulvérise de l'eau sur le feuillage et les racines
qui pendent en dehors du pot.

4/ Faut-il la rempoter ?
Elle peut rester au moins une année dans son pot.
Coupe les fleurs fanées et les vieilles racines
quand elles deviennent noires.

5/ Comment la faire refleurir ?
Pulvérise régulièrement : elle refleurira toute
seule.

Des tulipes

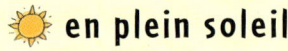 novembre  en plein soleil 🧺 avril-mai

:«Les tulipes poussent facilement si on les plante à la bonne époque.»

1/ Achète des bulbes
Les bulbes de tulipes sont vendus en jardinerie à l'automne. Choisis tes couleurs préférées.

2/ Quand les planter ?
Les vacances de la Toussaint sont idéales pour planter des bulbes de tulipes. Tes tulipes fleuriront après l'hiver, aux vacances de Pâques.

3/ Où les planter ?
En plein soleil, entre les autres plantes du jardin.
Les tulipes poussent aussi très bien sur un balcon, dans un grand pot.

4/ À quelle profondeur ?
Le bulbe doit être enterré à 3 fois sa hauteur. Creuse avec un plantoir et compte bien ! Attention ! Pose le bulbe la pointe vers le haut.

5/ Ça pousse quand ?
Les premières feuilles pointent vers la fin du mois de janvier. Les fleurs s'épanouissent entre avril et mai selon la variété choisie…

6/ Et après ?
Tu peux cueillir les fleurs pour faire un bouquet, mais laisse les feuilles pour avoir une floraison aussi belle l'année prochaine.

Un pamplemousse

printemps   ☀ au soleil

 :«Le pamplemoussier est un joli petit arbre, mais il demande beaucoup de soins.»

1/ Choisis bien ton fruit
Prends le pamplemousse le plus mûr.
Si tu trouves un pépin avec un petit germe,
tu peux le planter tout de suite.

2/ Conserve les pépins
Lave les pépins
et fais-les
sécher
quelques
jours, puis
garde-les au
réfrigérateur
en attendant le printemps.

3/ Quand les planter ?
Au printemps, plante deux ou trois pépins
dans un pot rempli de terreau.

4/ Ça pousse quand ?
Au bout de 15 jours, les premières
pousses apparaissent.

5/ Un peu de chaleur
Le premier été, laisse ta plante à l'intérieur
et sors-la un peu au soleil.

6/ De la lumière
À l'automne, mets ton pot dans une pièce fraîche
près d'une fenêtre. Arrose quand la terre
est très sèche.

7/ Prête à sortir
Au printemps suivant,
on peut sortir
la plante
le jour au soleil
et, dès l'été, la
laisser dehors. Arrose et
mets de l'engrais spécial agrume.

8/ Et après ?
Quand tu seras grand, ton arbre portera
des fruits.

Des marguerites

 printemps   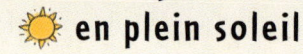 en plein soleil   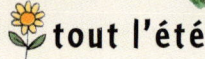 tout l'été

:«Les marguerites..., ce sont les fleurs de l'été.»

1/ On les trouve au rayon des plantes vivaces

Les jeunes marguerites sont vendues en petits pots au printemps.

2/ Quand les planter ?

Profite des vacances de Pâques pour planter tes jeunes marguerites en pleine terre ou dans un grand pot.

3/ Où les planter ?

En plein soleil, dans un endroit où il n'y a pas trop de vent.

4/ À quelle profondeur ?

Il faut juste couvrir les racines de terre.

5/ Ça pousse quand ?

La plante va d'abord s'étaler, puis, au mois de juin, elle va pousser en hauteur. Les fleurs s'épanouissent à partir du 14 juillet, et elles durent souvent jusqu'à la fin des grandes vacances.

6/ Et après ?

Avant la rentrée, pense à couper les vieilles tiges qui ont fleuri. Tes marguerites auront encore plus de fleurs aux prochaines grandes vacances !

7/ Pour multiplier tes plants de marguerites

En avril, quand les feuilles repoussent, on peut en couper quelques-unes avec une bêche, en faisant attention de bien garder les racines, et les replanter un peu plus loin.

Une coloquinte

🖊 mai   ☀ en plein soleil   🧺 à l'automne

:«Les coloquintes ne se mangent pas, mais sont très jolies.»

1/ Dans la jardinerie
Achète un sachet de graines de coloquintes.

2/ Quand les planter ?
Au mois de mai, plante-les dans le jardin.

3/ Ça pousse quand ?
Aux premiers jours de l'été, les premiers petits fruits vont apparaître. Dès qu'ils auront la taille d'une noix, grave sur l'écorce les initiales d'un de tes amis avec un clou.

4/ Un peu de patience
Les coloquintes vont continuer à grossir et les lettres vont apparaître en relief.

5/ Quand les cueille-t-on ?
Cueille-les à l'automne, lorsqu'elles seront très mûres.

6/ Et après ?
Coupe un chapeau en haut de chaque coloquinte et vide toute la pulpe avec une petite cuillère. Laisse-les sécher.

7/ De jolis cadeaux
Tu as fabriqué une jolie collection de petites boîtes à offrir à tes amis.

Une poire dans une bouteille

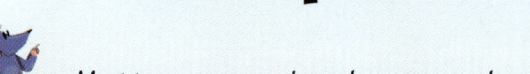 à l'automne

: «Mettre une poire dans une bouteille, c'est facile, et toujours impressionnant.»

1/ Choisis une petite poire

Au printemps, repère le moment où les poires sont encore petites, pas plus grosses que ton pouce.

2/ Nettoie la branche

Choisis une branche avec une belle poire au bout. Supprime les feuilles et les autres poires de cette branche.

3/ Trouve une jolie bouteille

Choisis une jolie bouteille transparente et glisse doucement la petite poire à l'intérieur.

4/ Accroche solidement la bouteille

Fixe la bouteille sur une branche solide à proximité. La poire va grossir tout l'été.

5/ La poire est mûre

Lorsque la poire a une jolie couleur, il suffit de la détacher de la branche pour la faire tomber dans la bouteille.

6/ Régale-toi

Remplis la bouteille avec du sirop de poire, et invite tes amis.

Une patate douce

 toute l'année  dans la maison 🪴 ou en extérieur l'été

:«Ta patate douce va très vite devenir une plante d'intérieur très originale.»

1/ Où la trouver ?

Dans les supermarchés ou chez le marchand de légumes, au rayon "légumes exotiques". Choisis-en une belle, bien rouge et sans trace de coups.

2/ Comment la planter ?

Plante ta patate douce dans un bocal rempli d'eau (ou dans un pot rempli de terreau), à la verticale en laissant dépasser une moitié.

3/ Où la mettre ?

Place le bocal (ou le pot) près d'une fenêtre, si possible sur un radiateur. Elle a besoin de lumière et de chaleur.

4/ Quand l'arroser ?

Change souvent l'eau du bocal ou arrose au moins tous les deux jours : le terreau doit rester toujours humide.

5/ Est-ce qu'elle fleurit ?

Les fleurs ne sont pas très intéressantes. Tu apprécieras surtout les belles feuilles en forme de cœur.

6/ Et après ?

C'est une plante grimpante. Plante un bâton dans le pot pour que ses longues tiges puissent s'y enrouler.

En été, tu peux la planter au jardin ou la conserver comme plante d'intérieur.

Une citrouille

 avril 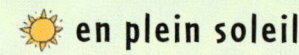 en plein soleil 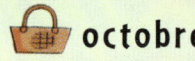 octobre

:«Pour avoir la plus belle citrouille à Halloween, il faut la cultiver toi-même.»

1/ Une ou deux graines suffisent

Garde des graines de potiron ou achète un paquet en jardinerie. Tu pourras aussi acheter une jeune plante au mois de mai si les graines n'ont pas bien germé.

2/ Quand la planter ?

À Pâques ou n'importe quel jour du mois d'avril.

3/ Où planter les graines ?

Dans des petits pots remplis de terreau qu'il faut garder au chaud, à l'intérieur.

4/ À quelle profondeur ?

Creuse un petit trou avec le doigt, juste assez grand pour enfouir totalement une graine de potiron. Range bien les pots dans une soucoupe, sur le rebord d'une fenêtre ou sur un radiateur.

5/ Ça pousse quand ?

La graine germe en 2 semaines et produit la première feuille au bout de 3 semaines. Après le 15 mai, plante la citrouille en pleine terre, au soleil. Arrose bien.

6/ Ça va très vite

En juillet, les premières citrouilles se forment. Arrose souvent pour les faire grossir.

7/ Et après ?

La citrouille finit de mûrir en octobre, juste à temps pour devenir une belle lanterne d'Halloween ! La chair de la citrouille est aussi très bonne à manger.

Une lanterne pour Halloween

1/ La préparation
Coupe le sommet de ta citrouille et vide la chair avec un couteau et une cuillère.

2/ La décoration
Découpe des trous pour les yeux, le nez et la bouche.

3/ La lanterne
Place ta citrouille devant une fenêtre. Mets une bougie à l'intérieur. Fais-toi aider pour qu'elle soit bien installée avant de l'allumer.

Des yeux sur les citrouilles

Si tu veux que ta citrouille ressemble déjà à une tête, découpe un croissant, deux étoiles et un triangle dans du papier fort. Colle-les sur une jeune citrouille. Au moment de la récolte, enlève les morceaux de papier : ta citrouille aura vraiment l'air d'une tête avec deux yeux, un nez et une bouche.

Une citrouille énorme

Pour avoir une citrouille énorme qui étonne tous tes copains, repères-en une près de la base de la plante et coupe toute la tige après cette citrouille. Verse chaque soir le contenu d'un arrosoir plein au pied de la plante et tu verras ta citrouille grossir très vite.

Des fleurs de tournesol

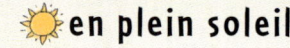 mai 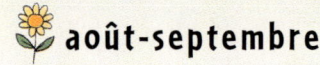 en plein soleil 🌼 août-septembre

:«En quelques semaines, le tournesol devient plus grand que toi.»

1/ Chipe quelques graines aux oiseaux !

Prends 2 ou 3 graines striées de noir dans les mélanges de graines pour les oiseaux. Tu leur rendras 100 fois plus à la fin de l'été !

2/ Quand les semer ?

Sème les graines de tournesol en mai, aux alentours de la fête des mères.

3/ Où les planter ?

En plein soleil, dans un coin du potager protégé du vent. Arrose souvent.

4/ À quelle profondeur ?

Mesure 2 cm au bout du manche de ton râteau et trace un trait rouge au feutre. Fais un trou en enfonçant le manche jusqu'au trait. Dépose une graine et rebouche.

5/ Ça pousse quand ?

Les premières feuilles apparaissent 10 jours plus tard… La fleur se forme au milieu du mois d'août. Regarde comment elle se tourne vers le soleil tout au long de la journée.

6/ Et après ?

Laisse les fleurs sécher sur pied pour que les graines mûrissent. Les oiseaux viendront s'en régaler pendant l'hiver.

Des capucines

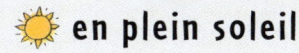 mai en plein soleil tout l'été

:«Les fleurs de capucines ont de jolies couleurs, et on peut même les manger !»

1/ Un seul paquet de graines
Un paquet de graines peut te donner de quoi fleurir une grande bordure du jardin ou tout le balcon.

2/ Quand les semer ?
Profite d'un week-end du mois de mai pour semer directement en pleine terre.

3/ Où les semer ?
En plein soleil, dans une terre qui aura été bêchée quelques jours auparavant.

4/ À quelle profondeur ?
Mesure 2 cm sur le bout du manche de ton râteau et trace un trait au feutre rouge. Enfonce le manche dans la terre jusqu'au trait et dépose une graine. Rebouche et recommence un peu plus loin. Ensuite, arrose bien.

5/ Ça pousse quand ?
La première feuille sort 2 à 3 semaines plus tard. Les capucines fleurissent tout l'été.

6/ Et après ?
Quand les pétales tombent, ramasse les grosses graines et garde-les pour l'année prochaine.

Si tu trouves des pucerons sur tes plantes, fais appel aux larves de coccinelles : elles en raffolent !

Des fraises

 🖊 avril   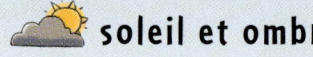 soleil et ombre   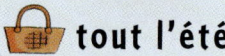 tout l'été

: «Si tu plantes tes fraises au printemps, tu en auras tout l'été.»

1/ Achète une barquette
Une barquette contient de 6 à 10 jeunes plantes.
Si tu connais quelqu'un qui a un jardin,
tu peux aussi lui demander quelques "rejetons"
de fraisiers.

2/ Quand les planter ?

Pendant les vacances de Pâques,
pour que les petites plantes
aient le temps de pousser.

3/ Où les planter ?
Au soleil. Si c'est possible, au pied des groseilliers
ou des rosiers : les fraises aiment bien aussi
un peu d'ombre.

4/ À quelle profondeur ?
Enfonce les racines dans la terre, mais surtout pas
les feuilles, qui doivent rester bien dégagées.
Arrose au moins une fois par semaine.

5/ Ça pousse quand ?

Tout de suite,
les fraisiers produisent
de nouvelles feuilles.
En mai les premières fleurs apparaissent,
puis en juin, les premières fraises. Si tu arroses
bien, tu auras des fleurs et des fraises tout l'été.

Miam !

6/ Pour multiplier tes fraisiers
Mets un caillou sur les tiges. Des racines vont
se développer dans la terre. Tu pourras replanter
ces nouveaux plants plus loin.

Des salades

🔪 **de mai à septembre**   ☀ **en plein soleil**   🧺 **à partir de juin**

:«Une salade fraîche et croquante, cueillie au potager, est un vrai délice.»

1/ On achète des petites plantes
Les jeunes salades sont vendues par barquettes de 10 petits pots.

2/ Quand les planter ?
À partir du 15 mai et jusqu'au 15 septembre. Le mieux, c'est d'en planter au début des grandes vacances pour t'en occuper tous les jours.

3/ Où les planter ?
Au soleil, dans une terre bêchée quelques jours auparavant.

4/ À quelle profondeur ?
Avec un plantoir, creuse un trou juste assez grand pour loger les racines. Recouvre d'un peu de terre. Recommence un peu plus loin.
Arrose chaque jour, mais pas trop.

5/ Ça pousse quand ?
De nouvelles feuilles se développent 2 à 3 jours plus tard. Tu peux couper ta première salade environ 4 semaines après la plantation, mais au bout de 6 semaines, elle sera encore plus grosse...

6/ Et après ?
Au lieu de cueillir les salades à la racine, coupe-les un peu plus haut, en laissant quelques feuilles près du sol. Arrose bien, et quelques jours plus tard, des petites feuilles commencent à repousser. Une nouvelle salade va grossir.

Un géranium

🖌 mai   ☀ en plein soleil   🌼 tout l'été

:«Rouges, blancs, roses, les géraniums fleurissent les balcons jusqu'à l'hiver.»

1/ Achète un petit godet
Au printemps, on trouve des petits pots de géraniums dans toutes les jardineries et les grandes surfaces.

2/ Quand le planter ?
Tu peux laisser le géranium dehors à partir du milieu du mois de mai.

3/ Où le planter ?
Rempote la jeune plante dans un pot plus grand. N'oublie pas de déposer quelques cailloux au fond du pot avant de mettre du terreau.

4/ À quelle profondeur ?
La base de la plante ne doit pas être plus enterrée que dans le godet d'origine.

5/ Ça pousse quand ?
Les jeunes pousses et de nouvelles fleurs se développent aussitôt. Elles se succèdent tout au long de l'été.

6/ Et après ?
Tous les 2 jours, arrose ton géranium et enlève les fleurs et les feuilles fanées.

Des géraniums pour l'année prochaine

1/ De nouveaux géraniums

On peut multiplier facilement ses géraniums.

2/ Comment fait-on ?

Quand ton géranium a bien poussé, coupe une (ou plusieurs) branche(s) de 15 cm environ.

4/ À quelle profondeur ?

Enfonce bien chaque branche de géranium dans un pot rempli de terreau en laissant dépasser les deux feuilles.

3/ Deux feuilles

Garde seulement deux feuilles au sommet. Enlève toutes les autres, ainsi que les boutons de fleurs.

5/ Et après ?

Arrose et couvre avec le sommet découpé d'une bouteille en plastique pour faire une petite serre. Rentre-le dès qu'il fait froid. Au printemps, ton géranium va commencer à grandir.

Une plante qui n'aime pas le froid

Le géranium meurt quand il gèle. Pense à rentrer le pot dans la maison durant l'hiver, et place-le devant une fenêtre. N'oublie pas de l'arroser chaque semaine !

Un rosier

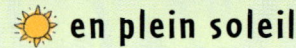 mai-juin ☀ en plein soleil ❀ tout l'été

:«Plante un rosier et tu auras beaucoup de roses à offrir à ceux que tu aimes.»

1/ Choisis ton rosier en fleurs

En mai et en juin , il y a plein de rosiers en pots dans les jardineries. Tu peux ainsi choisir la rose que tu préfères et aussi apprécier son parfum.

3/ Où le planter ?

Au soleil. Creuse un grand trou de 3 pieds de large et aussi profond que la hauteur de la bêche. (Fais-toi aider par un adulte.)

4/ À quelle profondeur ?

Tu dois recouvrir les racines de terre jusqu'à la naissance des branches.

5/ Ça pousse quand ?

De jeunes pousses se développent très vite et donnent de nouvelles roses tout l'été.

2/ Quand le planter ?

Garde le rosier en pot tant que les roses sont en fleurs. Quand elles se fanent, coupe-les et plante le rosier dans le jardin ou dans un grand pot sur le balcon.

6/ Et après ?

Il faudra couper les fleurs fanées pour garder le rosier propre et l'aider à refleurir.

Une vigne

 toute l'année    en plein soleil   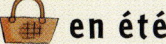 en été

:«On peut faire pousser du raisin presque partout, même en pot.»

1/ Trouve la bonne variété

On peut acheter en jardinerie des plants de vignes de 1 m environ. Si tu aimes le raisin blanc, choisis un pot de "Chasselat doré de Fontainebleau". Si tu préfères le noir, il faut acheter du "Muscat de Hambourg".

2/ Quand la planter ?

Toute l'année puisque les vignes sont cultivées en pot.

3/ Où la planter ?

En plein soleil. La vigne pousse mieux contre un mur tourné vers le sud. En pot, il suffit de la rempoter dans un pot légèrement plus grand. Mélange un peu de terre du jardin à du terreau, ta vigne poussera mieux.

4/ À quelle profondeur ?

À la profondeur du pot. Recouvre de terre la motte avec les racines.

5/ Ça pousse quand ?

Si la plante mesure déjà 1 m quand tu l'achètes, tu pourras peut-être obtenir une ou deux grappes durant le premier été.

6/ Et après ?

Chaque année, les tiges vont grandir et il faudra les attacher à un fil.

Un marronnier

 en novembre   en plein soleil germination au printemps suivant

:«Faire naître un arbre, qui deviendra immense, est une expérience intéressante.»

1/ Ramasse les plus beaux marrons

En automne, quelques semaines après la rentrée, les marrons tombent. Dans un parc ou dans la cour de l'école, ramasse trois beaux marrons, bien gros et bien réguliers.

2/ Quand les planter ?

Dès que tu les as ramassés ou dans les jours qui suivent. Les marrons ne doivent pas sécher.

3/ Où les planter ?

Remplis un pot aux deux tiers avec du terreau. Pose les 3 marrons sur le terreau. Recouvre-les entièrement de petits cailloux. Laisse le pot dehors pendant tout l'hiver.

4/ Ça pousse quand ?

Au milieu du printemps, une première pousse apparaît sur chaque marron.
Si tu arroses régulièrement, les marronniers mesureront 30 cm à la fin de l'été.

5/ On le replante ?

Tu peux les garder en pot et les cultiver comme des bonsaïs. L'idéal est de les planter dans un jardin (s'il est grand) ou dans la campagne.

6/ Et après ?

Tu peux faire la même chose avec un gland de chêne, une châtaigne ou un pépin de pomme.

Un sapin

🖊 **en janvier** ☀ **en plein soleil** 🌱 **au printemps**

:«*Après Noël, le sapin acheté avec des racines peut être planté au jardin.*»

1/ Beaucoup de racines

Au moment de l'achat, choisis un sapin cultivé en pot avec beaucoup de racines. Ne l'achète pas trop longtemps à l'avance ou laisse-le dehors.

2/ La veille de Noël

Arrose-le généreusement avant de le rentrer dans la maison.

3/ Quand le planter dehors ?

Juste après le Nouvel An, avant de reprendre l'école. Il ne doit pas se dessécher ni perdre ses aiguilles. Arrose-le beaucoup avant de le planter.

4/ Où le planter ?

Tout seul, dans un endroit bien dégagé du jardin (éloigné des autres arbres).

5/ À quelle profondeur ?

Les racines doivent être bien couvertes de terre. N'enfonce pas le tronc.

6/ Des bourgeons

En avril, si des bourgeons apparaissent à l'extrémité des branches, c'est que ton sapin a repris. Il grandira surtout l'année suivante, quand il aura produit beaucoup de nouvelles racines.

L'étonnant

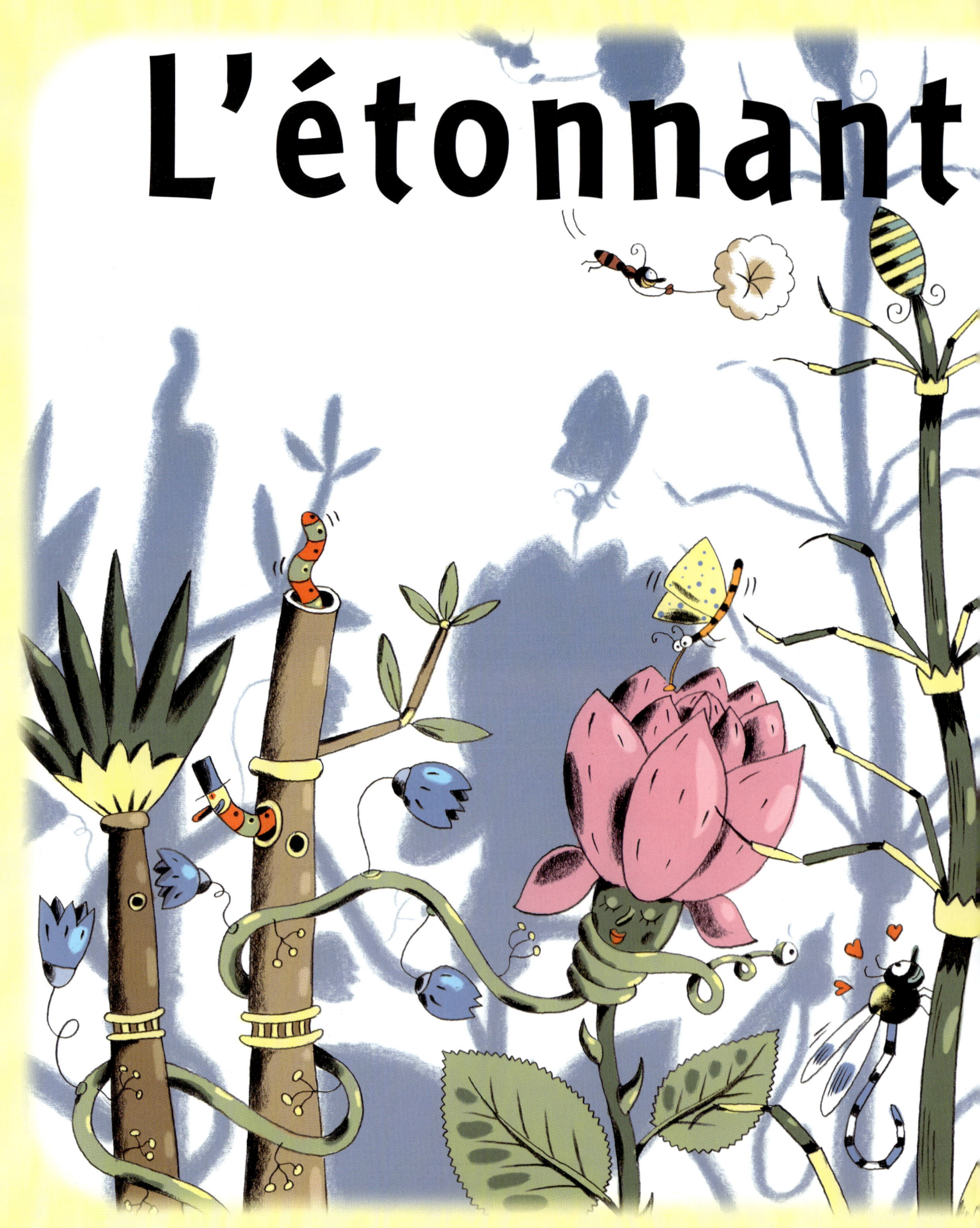

monde des plantes

Les plus vieilles

Les premières plantes sont apparues sur la Terre bien avant les dinosaures. Certaines existent toujours !

Les mousses, les prêles et les fougères sont les premières plantes apparues sur la terre ferme. Puis, certaines fougères se sont élevées, en "fabriquant" un tronc qui pouvait atteindre jusqu'à 30 mètres.

ginkgo

métaséquoia

cycas

platéosaure

fougère

prêles

plantes du monde

Le **métaséquoia**
est un des
premiers conifères
apparus sur Terre.

On ne le connaissait
que par sa trace sur
des fossiles. Quelques
survivants ont été
découverts en 1941,
dans une vallée reculée
de la Chine. Aujourd'hui,
il est très répandu
dans les parcs.

Le **cycas**
est un des survivants
d'une famille de plantes
que mangeaient les dinosaures.

Ses feuilles font penser à celles d'un palmier
en plastique ! Il pousse dans les jardins du Midi,
ou en pot, dans la maison.

Les **prêles**
sont apparues
il y a 350 millions
d'années.

La prêle des champs
est considérée comme
une mauvaise herbe
mais on cultive la prêle
du Kamtchatka,
aux tiges épaisses
et creuses, qui dure
très longtemps
dans les bouquets.

Le **magnolia**
fleurit depuis
100
millions
d'années.

Ce grand arbre
aux fleurs magnifiques
appartient
à une des familles
de plantes à fleurs
les plus anciennes,
apparue sur la Terre
il y a environ 100 millions
d'années.

Le grand-père
ginkgo

Le ginkgo existe depuis
150 millions d'années.
C'est un peu le "grand-
père" de nos conifères :
pins, cèdres, sapins…
Mais ses larges feuilles
jaunissent et tombent.

Le plus vieil arbre vivant au monde est un pin
de Californie. On estime son âge à 4 700 ans.
En France, de nombreux arbres ont plus de 100 ans :
une aubépine, des châtaigniers
et plusieurs chênes. Dans le Midi,
certains oliviers auraient près de 2 000 ans.
À Paris, le plus vieil arbre
est un robinier-faux acacia. Il pousse dans un
jardin près de Notre-Dame ; il a eu 413 ans en 2003.

Parmi toutes les plantes que l'on peut cultiver dans un jardin, quelques-unes sont vraiment très étonnantes.

Les plus grandes feuilles : la **gunnera**

On peut s'abriter sous une de ses feuilles lorsqu'il pleut ! Cette plante vivace, originaire d'Argentine et du Brésil, ressemble à de la rhubarbe géante. Ses feuilles atteignent 2 à 3 m de diamètre. Elles sont portées par de robustes tiges de 1 à 3 m de hauteur !

Les plus petites feuilles : le **raoulia**

Le raoulia ressemble à de la mousse, mais il fleurit et a de toutes petites feuilles serrées les unes contre les autres. Les plus grandes ont 1 mm de diamètre. On cultive le raoulia en pot ou entre les cailloux d'une rocaille.

plantes

1 mètre par jour : le **bambou**

Dans leurs régions d'origine, où il fait chaud et humide, il n'est pas rare que des bambous poussent de 1 mètre par jour. Dans la région parisienne, certains bambous poussent de 15 à 20 cm par jour.

La fleur la plus brève : l'**hémérocalle** ou **lis d'un jour**

Cette plante vivace a des fleurs qui ressemblent à celles du lis. Elles s'ouvrent le matin et se fanent le soir. Heureusement, chaque fleur est remplacée par une autre dès le lendemain.

47

Certaines plantes piègent les insectes.
Selon leurs besoins, elles utilisent des procédés différents.

Des pièges pour se reproduire

L'odeur de cadavre de l'arum
attire particulièrement les mouches qui s'enfoncent jusqu'au fond de son cornet.

1.
Le soir, l'étroit passage se referme. Les mouches prisonnières s'agitent et se couvrent de pollen.

2.
Au petit matin, le passage s'ouvre et libère les mouches. Elles s'envolent vers d'autres fleurs, toujours attirées par l'odeur de cadavre. Le pollen qui les recouvre se dépose sur les pistils et féconde les fleurs : il y aura des graines quelques semaines plus tard.

La **sauge** des prés : un nectar envoûtant
Elle attire les insectes grâce à un nectar parfumé et sucré. Pour l'atteindre, ils sont obligés de s'accrocher à la fleur et d'enfoncer leur trompe au cœur de la corolle. Cela fait basculer un filament qui vient coller le pollen sur l'insecte. Une fois régalé, l'insecte s'envole vers une autre fleur où le pollen ira se coller sur le pistil.

des plantes

Des pièges pour se nourrir

Le piège à mâchoires de la drosera
se referme dès qu'un insecte touche un de ses poils ultra-sensibles.
L'insecte est écrasé par les deux feuilles... et digéré en une semaine.

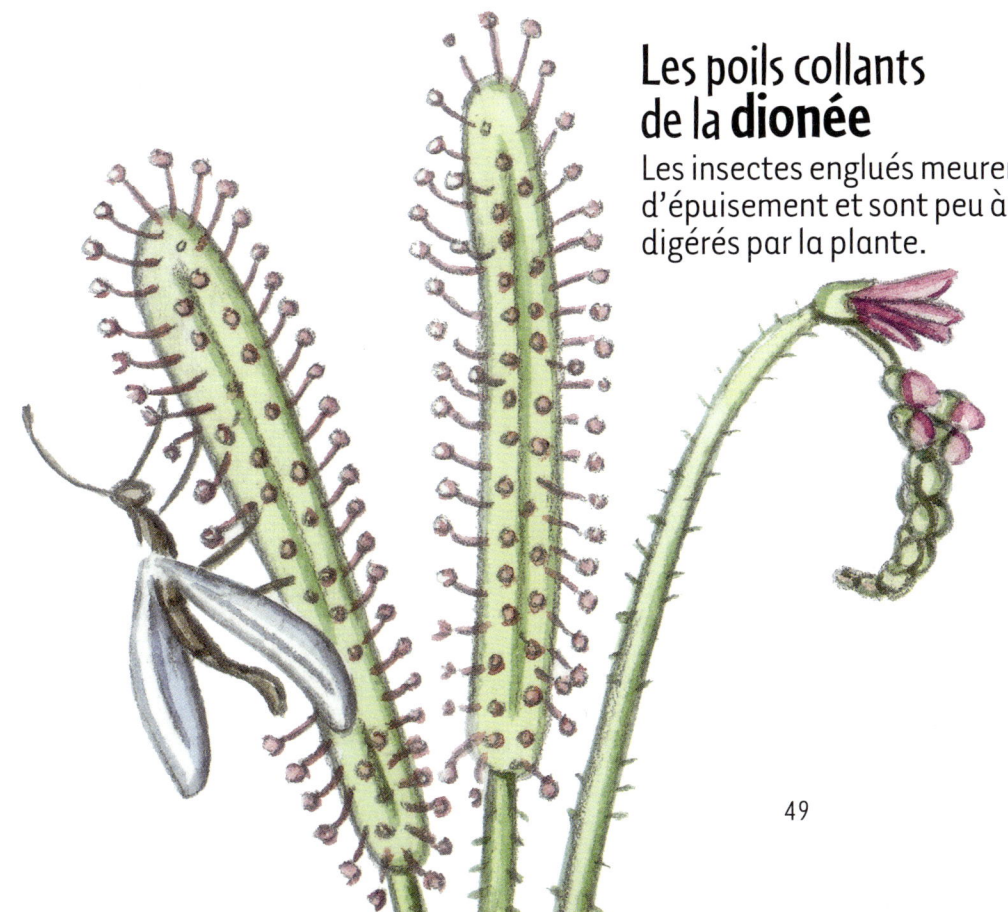

**Les poils collants
de la dionée**
Les insectes englués meurent
d'épuisement et sont peu à peu
digérés par la plante.

**Mortel,
le réservoir
de la cardère**
La cardère est
un chardon sauvage
aux feuilles disposées
l'une en face de l'autre.
La base des deux feuilles
forme un petit réservoir
autour de la tige.
Il se remplit d'eau
et de rosée où les
oiseaux aiment boire,
mais où les insectes
se noient...

49

Les plantes

On pense souvent que les végétaux sont immobiles dans le sol.
Pourtant, certains d'entre eux peuvent bouger.

Le **trèfle** et l'**oxalis** s'évanouissent

Ces deux plantes, sauvages ou cultivées, semblent disparaître le soir. En fait, leurs feuilles se replient lorsque la lumière diminue, et s'étalent le matin quand la lumière augmente.

La **sensitive** se replie

Il suffit de toucher les feuilles de cette plante pour qu'elles se replient aussitôt. Il faut environ 15 minutes pour qu'elles reprennent leur position initiale. On trouve parfois cette plante dans les jardineries car elle peut se cultiver dans la maison.

La **ronce** s'allonge

Les longues tiges des ronces poussent tout l'été.
À l'automne, elles se courbent vers le sol et, dès qu'elles touchent la terre, elles s'enracinent. Les vieilles tiges meurent après avoir donné des mûres. Au printemps suivant, les nouvelles tiges se développent un peu plus loin...

Le **fraisier** se déploie et avance

En juin, les fraisiers commencent à produire des tiges (stolons) qui s'allongent sur le sol dans toutes les directions.
À intervalles réguliers, une jeune plante se forme et s'enracine aussitôt. Plus tard, la plante "mère" meurt, mais les nouvelles produisent à leur tour des stolons.

Il court, il court, le **muguet**

Il possède une tige souterraine qui s'allonge de 5 à 10 cm par an. Après la floraison, la partie de la tige de l'année précédente meurt et la nouvelle pousse se développe.

qui bougent

Le **lierre** grimpe au mur

Le lierre et l'hortensia grimpant
sont des sortes de lianes qui produisent
de courtes racines le long de leur tige.
Ce n'est pas pour puiser
de la nourriture
dans le sol, mais
pour se fixer au tronc
d'un arbre
ou sur un mur.

Le **chèvrefeuille** s'enroule

Ses tiges souples s'enroulent
autour de n'importe
quel support vertical :
une branche,
une pousse, un grillage,
un fil. Le liseron,
le houblon, le chèvrefeuille,
les haricots, la glycine
grimpent de la même manière.

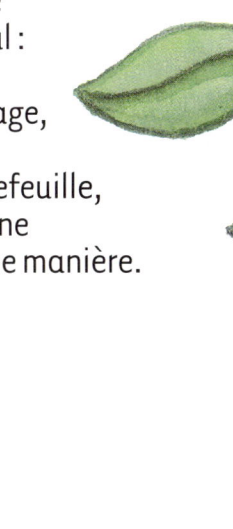

La **vigne vierge** s'accroche

Chez les vignes vierges,
le fil qui fait normalement
office de vrille se divise
en plusieurs parties,
chacune se terminant par
un petit disque. Celui-ci
se fixe aussi solidement
qu'une ventouse sur tout
support lisse : l'écorce d'un
arbre, un rocher ou un mur.

Les plantes qui

Les fleurs ne s'ouvrent pas toutes en même temps, chacune s'épanouit à un moment précis de la journée.

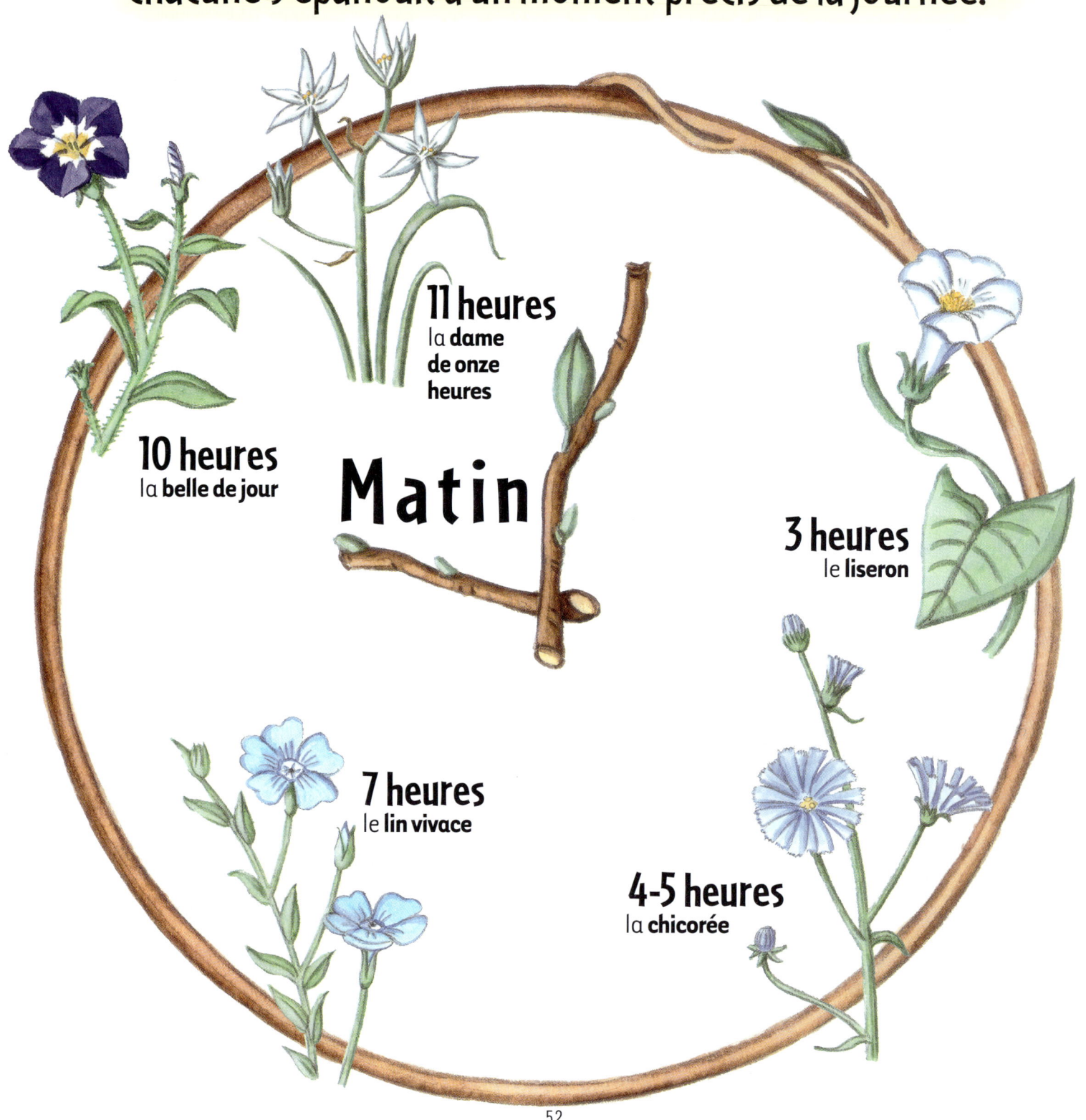

11 heures
la **dame de onze heures**

10 heures
la **belle de jour**

Matin

3 heures
le **liseron**

7 heures
le **lin vivace**

4-5 heures
la **chicorée**

indiquent l'heure

12 heures
l'**hélianthème**

14 heures
la **ficoïde**

Après-midi

19 heures
la **belle de nuit**

18 heures
l'**asphodéline du Portugal**

16-17 heures
l'**éphémère de Virginie**

Les plantes qui

En observant certaines plantes on peut connaître le temps qu'il va faire dans les heures qui suivent.

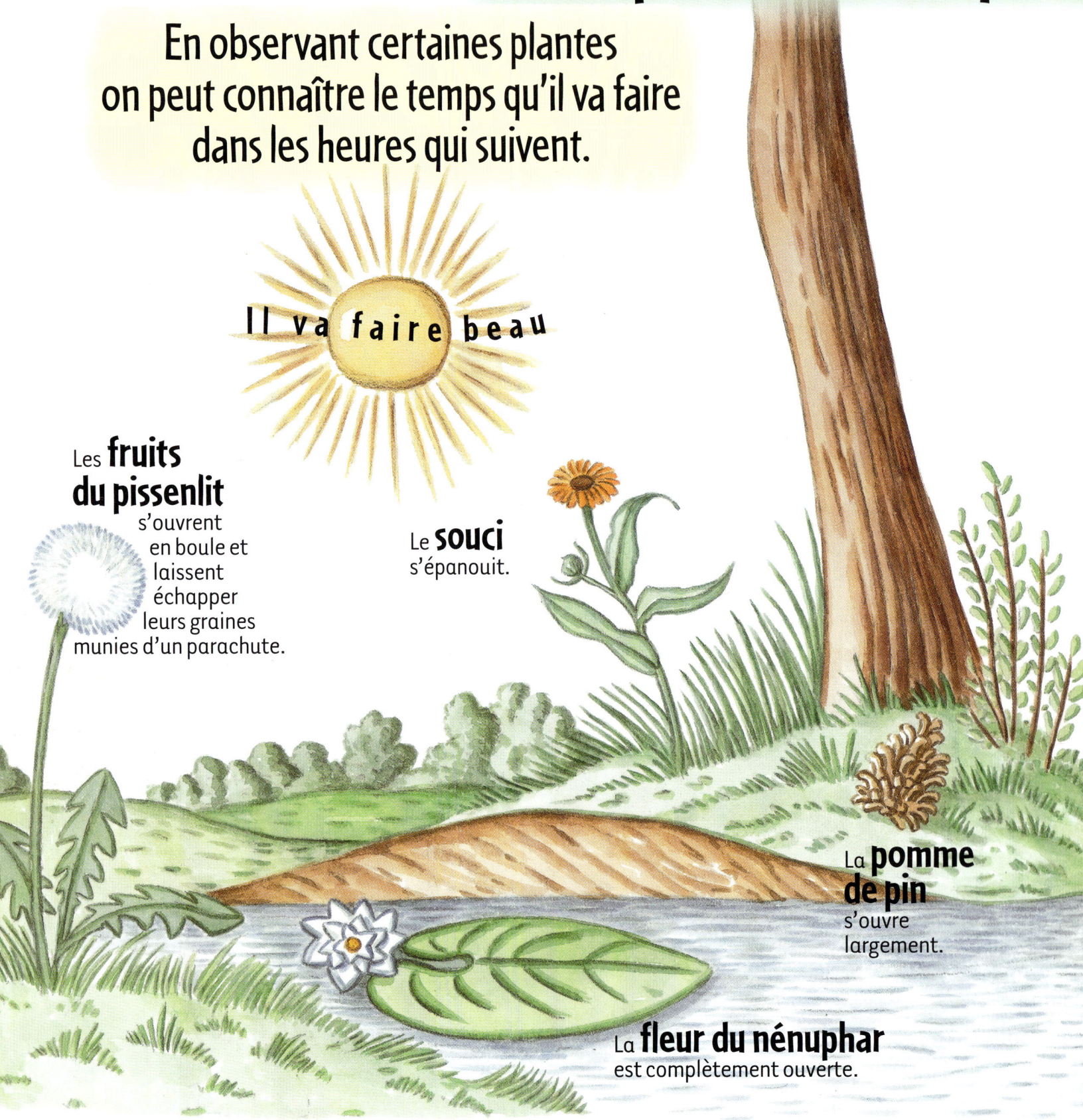

Il va faire beau

Les **fruits du pissenlit** s'ouvrent en boule et laissent échapper leurs graines munies d'un parachute.

Le **souci** s'épanouit.

La **pomme de pin** s'ouvre largement.

La **fleur du nénuphar** est complètement ouverte.

prédisent le temps

Il va pleuvoir

Le fruit du **pissenlit** reste fermé.

Le **souci** se referme.

La **pomme de pin** se referme.

La **fleur du nénuphar** est complètement fermée.

Les graines

Certaines plantes envoient leurs graines au loin pour qu'elles trouvent un sol favorable pour pousser.

Celles qui flottent

La **noix de coco** est entourée d'une peau épaisse et remplie d'air qui permet à cette grosse graine de flotter. Elle peut donc voyager sur les océans... et germer dès qu'elle s'échoue sur une plage !

Celles qui s'accrochent

En séchant, les poils de la **bardane** deviennent de petits crochets qui s'accrochent au pelage des animaux ou aux pulls des promeneurs... qui peuvent les emporter très loin.

Celles qu'on transporte

Les **fruits** charnus et sucrés sont appréciés des animaux et des hommes qui les emportent, les mangent et rejettent plus loin les noyaux avec les graines.

Combien de temps les graines restent-elles vivantes ?

Les graines peuvent vivre au ralenti et attendre que les conditions soient favorables pour pousser. Cette attente peut durer entre 1 et 10 ans. Et certaines graines retrouvées dans les glaces ont pu germer 15 000 ans après avoir été faites prisonnières !

qui voyagent

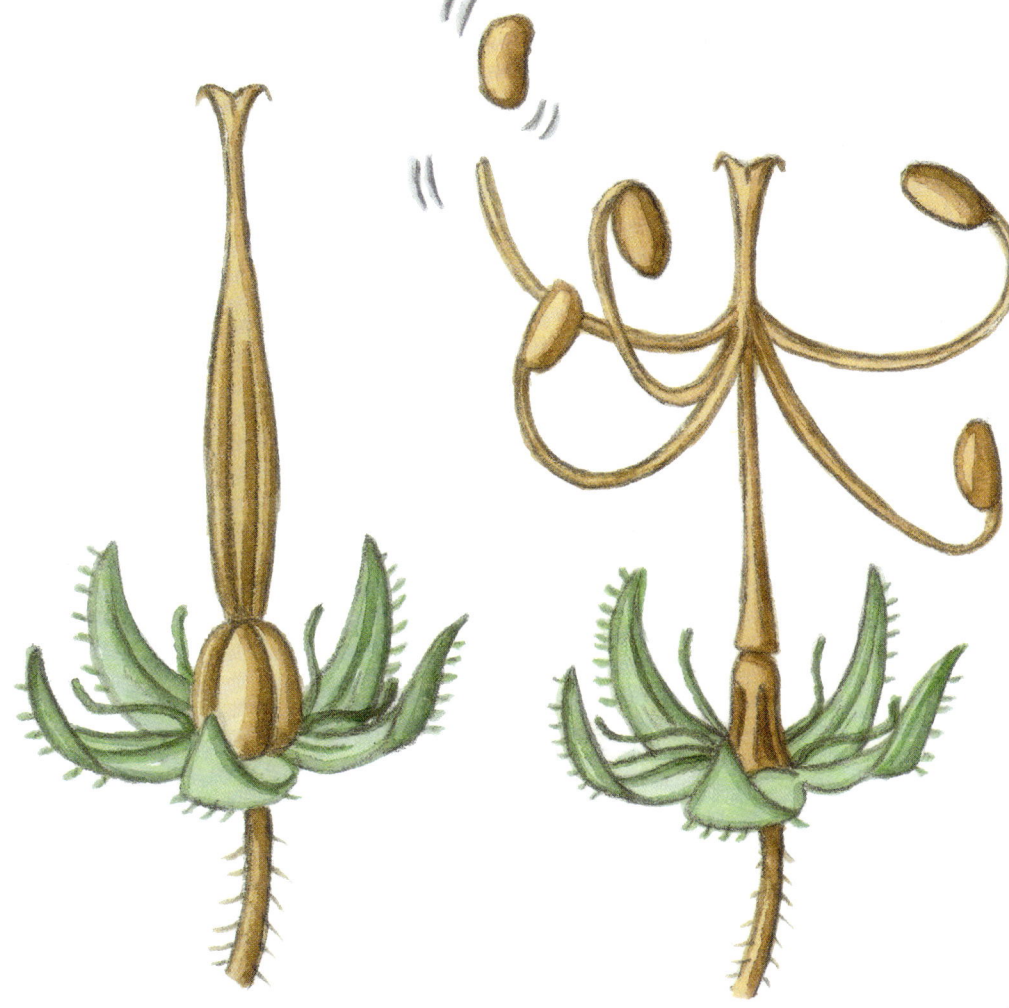

Celles qui explosent

Lorsqu'ils sont mûrs, les fruits de certaines plantes, comme le **géranium des prés** ou l'**impatiens de l'Himalaya**, explosent quand on les touche, ce qui propulse les graines parfois à plusieurs mètres de distance. Il existe aussi un concombre sauvage, nommé **Ecballium**, qui produit en plus un bruit très sourd lorsqu'il bombarde ses graines.

Celles qui volent

Chez les **pissenlits**, des petits fils soyeux entourent les graines et les rendent plus légères. Ces petits parachutes s'envolent au moindre vent et emportent au loin les graines.

Celles qui ont des ailes

De nombreux arbres, comme l'**érable**, le **bouleau**, ou le **charme** ont des graines pourvues d'une ou deux ailes qui, une fois sèches, leur permet de s'envoler au loin.

57

Les plantes qui

Certaines plantes vivent entièrement dans l'eau. On en trouve à toutes les profondeurs, depuis la surface jusqu'au fond.

Elles flottent comme des radeaux

La laitue d'eau
forme une rosette
de feuilles qui
s'écartent peu à peu
ce qui la maintient
sur l'eau. Elle se déplace
avec les mouvements
de l'eau.

La lentille d'eau
est une simple
petite lame verte
qui se divise
indéfiniment.
En peu de temps,
elle peut couvrir
une marre.

La jacinthe d'eau
est constituée
de bouquets de feuilles.
Chacune est renflée à la base,
comme un flotteur.
Des racines noires sont
suspendues dans l'eau.

vivent dans l'eau

Elles ont le pied dans l'eau

Les **joncs** ont des feuilles enroulées sur elles-mêmes, et creuses comme des petits tuyaux.

Elles laissent flotter leurs feuilles

Le **nénuphar** est bien connu pour ses grandes feuilles presque rondes.

Elles sont attachées au sol par des tiges souples qui s'allongent très vite si le niveau de l'eau varie. Les fleurs aussi sortent de l'eau, mais elles plongent au fond dès qu'elles sont fanées.

Les **iris d'eau** ont de longues feuilles plates et pointues et de très jolies fleurs jaunes au mois de mai.

Quelle est donc cette

plante ?

La vie des fleurs

Les fleurs vivaces
Elles fleurissent plusieurs années de suite.

iris
anémone
marguerite
sedum
scabieuse

Les fleurs annuelles
Elles poussent, fleurissent et meurent en une année.

souci
tournesol
capucine
belle de jour
coquelicot

Les fleurs bisannuelles
Elles vivent deux ans. La première année, elles poussent, la seconde, elles fleurissent et elles meurent.

pensée
digitale

Les fleurs à bulbe
Un bulbe, c'est une sorte de petit oignon. On le replante chaque année. On peut aussi le laisser dans la terre.

tulipe
lis
perce-neige
crocus
jacinthe

Les feuilles des arbres

Entières

platane

érable

sycomore

Composées

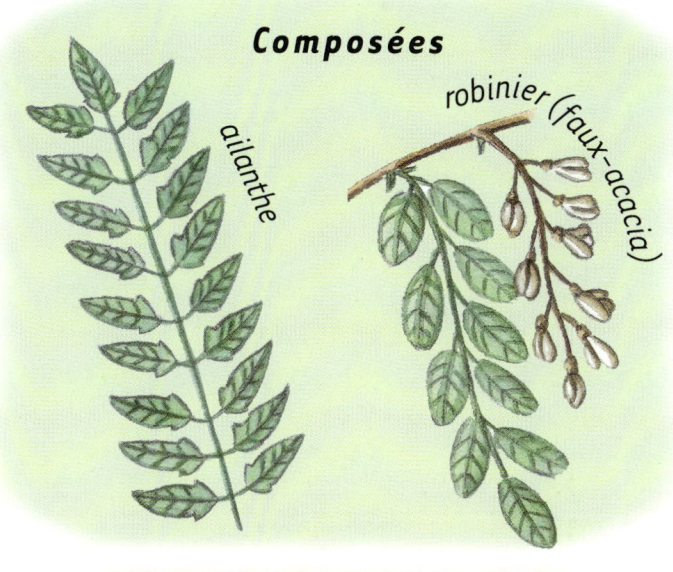

ailanthe

robinier (faux-acacia)

Lobée

chêne

En fer de lance

laurier

olivier

En aiguilles et en épines

cactus (épines)

pin (aiguilles)

Digitée

marronnier

63

Les fleurs du jardin

La jonquille
On reconnaît les jonquilles à leur longue trompette jaune orangé.
☀ *printemps*

La pensée
Les fleurs plates des pensées ressemblent aux oreilles de Mickey.
☀ *printemps*

Le lupin
Ses grands épis pointus ont des centaines de petites fleurs en étoile.
☀ *printemps*

L'iris
Sa fleur bleu-violet a 3 pétales qui retombent et 3 pétales dressés.
☀ *printemps*

Le tournesol
Sa fleur ressemble à une énorme marguerite jaune.
☀ *été*

La tulipe
Sa fleur ressemble un peu à un vase. Il en existe de toutes les couleurs, sauf bleue.
☀ *printemps*

La marguerite
Ses pétales blancs sont disposés autour d'un gros cœur jaune.
☀ *été*

La rose
Ses fleurs sont très belles et sa tige a presque toujours des épines.
☀ *été*

La lavande
Ses épis de fleurs bleues ou violettes sentent très bon et attirent les abeilles et les papillons.
☀ *été*

La capucine
Ses fleurs, jaunes ou orangées, sont groupées par 2 ou 3 au sommet de petites tiges.
☀ *été*

Le lis
Il a en général de grandes fleurs blanches très parfumées.
☀ *été*

La rose de Noël
Ses fleurs d'abord blanches, puis roses, commencent à fleurir aux environs de Noël.
☀ *hiver*

La primevère

Elle a de petites fleurs simples, mauves, jaunes ou blanches. Elle fleurit à partir du mois de janvier et jusqu'en mars.

☀ *hiver*

Le sedum

C'est une plante grasse, avec des feuilles épaisses. Avant de s'épanouir, la fleur ressemble à un chou brocoli. Ensuite, en septembre ou en octobre, elle devient rose, puis rouge.

☀ *automne*

Le chrysanthème

Ses fleurs rondes aux couleurs vives ressemblent à des marguerites ou à des petits pompons.

☀ *automne*

L'anémone japonaise

Ses grandes fleurs roses ou blanches possèdent un cœur jaune lumineux.

☀ *automne*

Le crocus

Ses petites fleurs blanches, bleues, jaunes, unies ou striées, sortent de terre et s'ouvrent en deux jours.

☀ *fin de l'hiver*

Le souci

Ses fleurs ont des pétales plus courts que ceux des marguerites. Elles peuvent être jaunes ou orangées. Ses feuilles sont couvertes d'un petit duvet.

☀ *été*

L'aster

Ses fleurs ressemblent à de petites marguerites. Beaucoup sont bleues, mais il en existe aussi des blanches, des roses et des rouges.

☀ *automne*

Le colchique

Cette plante a des fleurs roses, blanches ou violettes, en forme de petits gobelets.

☀ *automne*

Le perce-neige

Ses petits grelots blancs s'ouvrent dans la journée comme des petites ailes.

☀ *hiver*

Les plantes tropicales

Le palmier
Il a de grandes feuilles découpées en lanières.

La broméliacée
Cette plante possède une couronne de feuilles larges et très dures. La fleur a parfois la forme d'une langue rouge orangée, parfois la forme d'un ananas.

Le yucca
Il ressemble beaucoup aux grands cactus mexicains. D'ailleurs il faut faire très attention à l'extrémité pointue de ses feuilles, dangereuse pour les yeux.

Le spathiphyllum
On le reconnaît à ses fleurs blanches en forme de cornet. Les feuilles, allongées, sont plus ou moins grandes selon les espèces.

Le ficus
Ses nombreuses petites feuilles allongées et pointues alourdissent les branches qui retombent.

Le bananier
Avec un tronc droit et de larges feuilles qui s'étalent à l'horizontale, le bananier pousse vite et devient une grande plante qui a besoin de beaucoup de lumière. Il faut 2 à 3 ans pour qu'il donne un régime de bananes.

Le philodendron
On le surnomme parfois "la plante gruyère" car ses grandes feuilles sont percées de trous irréguliers. C'est une plante grimpante qui peut produire des tiges de plusieurs mètres et des racines aériennes qui retombent vers le sol.

La fougère "corne d'élan"
Ses larges feuilles ressemblent à des cornes. Elles sont recouvertes d'une poudre blanche.

66

Les fleurs du fleuriste

L'orchidée
C'est une plante aussi fascinante que belle, que l'on croirait faite de cire.
☀ *toute l'année*

L'étoile de Noël
Cette plante est très spectaculaire avec ses grandes feuilles rouges qui ressemblent à une fleur.
☀ *au moment de Noël*

L'arum
La fleur ressemble à un cornet. Elle peut être blanche, jaune, rouge, rose ou bordeaux. Il existe même des fleurs presque noires !
☀ *presque toute l'année*

L'anémone
Ses grandes corolles rouges, bleues, blanches ou roses ont un cœur tout noir. Elles durent environ une semaine dans un vase.
☀ *printemps*

Le lis des Incas
Ses fleurs s'ouvrent comme une trompette. Il en existe de toutes les couleurs, sauf bleu.
☀ *toute l'année*

Les bonnies
Ses fleurs ressemblent à des marguerites.
☀ *toute l'année*

Le cyclamen
Il est amusant avec ses fleurs qui ont l'air d'être à l'envers : ses pétales sont dressés, à la verticale. Son feuillage est très beau avec ses dessins argentés.
☀ *toute l'année*

La violette du Cap
Les petites fleurs bleues, roses, rouges, ou blanches ressemblent à des petites violettes. Elles sont regroupées en bouquets au milieu de feuilles poilues.
☀ *toute l'année*

Le bégonia
Ses fleurs sont simples ou doubles. Les plus jolis ont des couleurs qui changent au fur et à mesure que les fleurs vieillissent.
☀ *toute l'année*

Les fleurs sauvages

La jacinthe des bois

Ses clochettes bleues pendent toutes du même côté de la tige. Elles forment de jolis tapis sous les grands arbres dans les bois.
☀ *printemps*

La coronille

Elle a de nombreux petits bouquets de fleurs roses.

Elle pousse sur les talus et même dans les cailloux.
☀ *été*

Le cerfeuil sauvage

Ses petites fleurs forment un nuage blanc. Ses tiges peuvent mesurer jusqu'à 1 m de haut. Son feuillage ressemble à celui des fougères. Il sent légèrement l'anis. Il pousse dans les prairies.
☀ *printemps*

Le compagnon rouge

Ses fleurs sont plus ou moins rouges, certaines, même, franchement roses. Ses fruits ressemblent à de petits ballons de rugby. Ils contiennent des milliers de graines noires. On le trouve le long des haies ou en lisière des forêts.
☀ *printemps*

Le coquelicot

Ses pétales rouges, d'une finesse incroyable, ont souvent l'air froissé. Il pousse dans les champs de blé.
☀ *été*

La carotte sauvage

Ses fleurs sont blanches et minuscules. Quand on coupe une tige, on sent une odeur particulière, qui rappelle celle de la carotte.
☀ *été*

La scabieuse

Ses jolies fleurs mauves égaient les talus ensoleillés.
☀ *été*

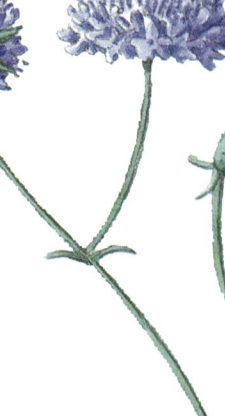

Les mauvaises herbes

Le bouton d'or rampant

Ses fleurs jaune d'or forment un véritable tapis dans les champs. Les tiges rampent sur le sol et s'enracinent environ tous les 10 cm. Une seule plante peut couvrir 1 m² en une saison !

Le chardon

Attention ! Ses feuilles sont bordées d'épines dures qui se cassent facilement et restent sous la peau. En été, ses fleurs ont une jolie couleur violette.

Le liseron

C'est une plante grimpante qui enroule ses tiges souples autour des branches ou des grillages. Ses fleurs blanches ou roses ont la forme d'un cornet.

Le laiteron

Sa fleur ressemble à celle du pissenlit, mais ses feuilles rappellent plutôt celles du chardon. Il est très difficile à arracher.

La mercuriale

Cette plante est toute verte, y compris ses fleurs réunies en petites grappes. Ses tiges creuses sont pleines d'eau et se développent très vite. Il faut essayer de l'arracher avant qu'elle ne produise ses graines et se resème.

L'ortie

Attention ! Les petits poils qui bordent ses feuilles piquent et donnent des boutons. Elle pousse dans les endroits frais et là où la terre est riche : c'est donc bon signe d'avoir des orties dans son jardin !

Le pissenlit

Il est facile à reconnaître avec ses grosses fleurs jaunes qui tapissent les prés entre mars et mai.

Le mouron blanc

Cette plante se développe surtout quand la terre est bien humide en automne et au printemps. On la reconnaît à ses toutes petites fleurs blanches.

Le séneçon

Ses feuilles sont longues, dentées et épaisses. Dès qu'il fait beau, il pousse très vite et produit un bouquet de petites fleurs en pompons jaunes.

Les fruits

La prune
Sa peau est lisse. Jaune, violette, verte ou presque noire, elle est bonne quand sa chair devient un peu molle.
🧺 *août et début septembre*

La fraise
Elle est mûre et très sucrée quand elle est complètement rouge.
🧺 *de mai à septembre*

La poire
Plus ou moins allongée, elle est délicieuse lorsqu'elle est très mûre et pleine de jus.
🧺 *d'août à novembre*

La cerise
Les cerises les plus juteuses sont les bigarreaux.
🧺 *juin et juillet*

La framboise
Si la framboise ne se détache pas facilement, il faut la laisser mûrir.
🧺 *de juin à octobre*

La pomme
Il y a des pommes rouges, jaunes, vertes, grises, à croquer ou à faire cuire.
🧺 *d'août à novembre*

Le coing
Il sent très bon quand il est mûr. Il faut le faire cuire pour le manger en gelée.
🧺 *octobre*

La pêche
Sa peau est douce comme du velours. Il y a des pêches à chair blanche et des pêches à chair jaune.
🧺 *juillet et août*

L'abricot
Quand il est mûr, il est rose orangé.
🧺 *juin et juillet*

Le brugnon
Sa chair ressemble à celle d'une pêche blanche, mais sa peau est lisse.
🧺 *juillet et août*

Le kiwi
Sa peau marron est couverte de petits poils et sa chair est verte.
🧺 *octobre*

La noix
Quand on la mange, la noix a perdu son enveloppe verte (le brou).
🧺 *octobre et novembre*

La noisette
Elle est mûre quand elle tombe.
🧺 *août à octobre*

L'olive
Noire ou verte, on ne peut pas la manger sans préparation.
🧺 *novembre*

L'amande
On mange la graine.
🧺 *octobre et novembre*

Le raisin
Il pousse en grappes noires ou blanches et a besoin de beaucoup de soleil.
🧺 *septembre*

La myrtille
Ses petits fruits sont bleu foncé. Ils sont délicieux et excellents pour la vue !
🧺 *août et septembre*

La groseille
Un peu acide, elle est bonne quand elle est bien rouge.
🧺 *15 juin au 15 juillet*

Le cassis
Ses grappes sont très noires et très acides. On en fait des confitures ou du sirop.
🧺 *juillet*

La figue
Sa peau est verte ou violette. Sa chair rouge est parsemée de petits pépins.
🧺 *juillet à octobre*

71

L'orange

Grosse et presque ronde, l'orange est bien connue. Il existe pourtant beaucoup de variétés, dont les oranges sanguines, à chair et jus plus rouge. Certaines sont acides et conviennent mieux pour les jus que les variétés sucrées meilleures "à manger".

🧺 *Présentes toute l'année sur les marchés, les oranges sont souvent moins bonnes en été.*

Le pamplemousse

Il en existe à chair claire, très acide, et d'autres, à chair rosée, beaucoup plus doux, plus faciles à manger sans ajouter de sucre.

🧺 *On en trouve presque toute l'année.*

La mandarine et la clémentine

Les mandarines et les clémentines sont comme des oranges miniatures, mais plus douces, moins acides.

🧺 *La saison des clémentines va de la fin de l'automne à la fin de l'hiver. Celle des mandarines va de la mi-septembre au milieu du printemps.*

Le citron

Le citron a un jus acide. Il en existe une variété qui reste toujours verte et qu'on appelle justement le "citron vert". Les citronniers poussent dans les régions ensoleillées : Corse, Midi de la France, Italie, etc.

🧺 *Les citronniers produisent des fruits presque toute l'année, avec souvent une petite interruption en été.*

L'ananas

Ce gros fruit est celui d'une plante tropicale qui pousse au sol. On sait qu'il est bien mûr quand la feuille centrale du plumeau se détache toute seule.

🧺 *On trouve les meilleurs en hiver.*

La mangue

C'est un gros fruit ovale à la peau colorée de rouge, de jaune et de vert. La couleur n'indique pas la maturité. Le fruit est mûr quand il n'est ni trop dur, ni trop mou.

🧺 *On en trouve en hiver.*

Le litchi

Originaire de Chine, c'est le fruit d'un bel arbre. Sa chair blanche ressemble à celle du raisin, avec en plus un parfum de rose. Il ne se conserve pas très longtemps et doit être mangé avant que la peau ne commence à sécher et à durcir.

🧺 *On le trouve entre novembre et mars.*

La banane

Tout le monde connaît les bananes. On sait moins qu'il en existe plusieurs sortes : les grandes, et les petites, roses ou jaunes, les "bananes naines".

🧺 *On trouve les grandes toute l'année et les petites surtout à Noël.*

La noix de coco

Elle se reconnaît à sa coque très très dure. Elle est remplie d'un liquide blanc, appelé "lait de coco". La chair blanche collée aux parois doit être détachée avec un couteau.

🧺 *On en trouve toute l'année.*

73

Les fruits sauvages comestibles

La châtaigne
Ses bogues très épineuses s'ouvrent lorsqu'elles tombent au sol. Les châtaignes sont très bonnes cuites dans la braise.
octobre et novembre

La mûre de ronce
Elle ressemble à une framboise, mais elle est noire et se détache toute seule lorsqu'elle est mûre. On en trouve dans les bois et les haies.
août et septembre

La fraise des bois
Elle ressemble à une fraise miniature. Elle est délicieuse quand elle est bien rouge.
juin et juillet

Le sureau noir
Ses petits grains noirs pendent en lourds bouquets faciles à récolter. Cet arbuste pousse dans toutes les haies. Ses fruits, acides, se mangent cuits.
août

La framboise sauvage
Les framboises sauvages sont plus petites que les framboises cultivées. Elles sont moyennement acidulées.
août

La prunelle
Ce sont de minuscules prunes bleutées. On les trouve sur des buissons épineux, dans les haies. On en fait des compotes.
novembre et décembre

La prune sauvage
Les petites prunes rouge orangé sont aussi appelées "prunes-cerises". Elles sont délicieuses quand elles commencent juste à mollir.
août

L'églantier
Orange ou rouges, les fruits (cynorhodons ou gratte-cul) se mangent en confiture.
octobre et novembre

Les pignes de pin
Ces graines sortent des pommes des "pins parasols" fréquents dans le Midi. On les mange crues ou cuites.
fin de l'été

L'argouse
Ses petits fruits orange sont serrés contre les branches.
septembre et octobre

prunes sauvages

Jonquilles

jacinthes des bois

fraises des bois

mûres de ronce

Les plantes toxiques

Le houx
Il se reconnaît facilement à ses feuilles épineuses.

Le lierre
Les fruits du lierre sont des petites baies bleutées ou noires.
☀ *fin de l'hiver*

Le gui
Ses petites baies blanches sont souvent associées au houx pour décorer les maisons à Noël. Ses branches et ses fruits laissent couler un liquide épais et collant : c'est du poison !
☀ *hiver*

Le fusain
Une petite capsule rose s'ouvre pour laisser voir des graines orange. De belles couleurs pour des fruits à ne pas toucher ! On les trouve dans les haies.
☀ *août à novembre*

La bryone
Ses petits fruits rouges sont suspendus en groupes de 2 ou 3. On les trouve dans les haies, les friches, les lisières des forêts.
☀ *août à novembre*

Ses fruits rouges, disposés en grappes, sont très toxiques. On le trouve dans les haies, les sous-bois et les jardins.
☀ *hiver*

L'arum sauvage
Ses baies sont agglutinées en grappes sur des tiges de 15 cm de hauteur. On dirait des massues qui sortent de terre. On les trouve en sous-bois ou au pied des haies.
☀ *août et septembre*

Le sureau
Les fruits du sureau rouge forment des grappes serrées au bout des branches. On en trouve dans les friches et les bois où poussent des grands chênes, des hêtres, des sapins et aussi des châtaigniers.
☀ *juillet et août*

Le chèvrefeuille
Ses petits fruits semblables à des groseilles sont regroupés en petites masses de 4 à 5 fruits, au bout des branches. On les trouve en lisière de bois ou dans les haies.
☀ *juin à octobre*

La morelle
Ses petits fruits ronds et rouges pendent en grappes courtes. C'est une plante grimpante commune dans les haies et les lisières de forêts.
☀ *août, septembre et octobre*

Le cotonéaster

On cultive surtout cet arbuste pour l'abondance de ses fruits orange ou rouges. En avaler un ou deux n'est pas très dangereux, mais il ne faut pas abuser.

☀ *mai*

La grande berce

D'une taille exceptionnelle (2,5m de hauteur), ses feuilles et sa sève provoquent, chez certaines personnes, des brûlures dont la cicatrisation est très longue.

☀ *de juin à octobre*

La digitale

Elle est très belle avec ses grands épis de fleurs en clochettes roses ou blanches. C'est une plante qui ne fleurit que tous les deux ans. Il vaut mieux se laver les mains après l'avoir manipulée et ne pas porter son feuillage à la bouche.

☀ *fin du printemps, début de l'été*

L'if

C'est un conifère dont on fait de très belles haies vert sombre. Ses fruits sont composés d'une graine dure entourée d'une chair molle et rouge. Cette chair n'est pas toxique, mais la graine dure l'est terriblement.

☀ *début de l'été*

L'aconit

C'est une plante très ancienne bien connue pour ses fleurs en épis bleus, qui ressemblent à des casques antiques. Toutes les parties de la plante sont très toxiques si elles sont mangées.

☀ *été, automne*

La symphorine

Ses fruits sont de grosses boules blanches ou roses, de la taille d'une bille. Mieux vaut ne pas en avaler.

☀ *mai à octobre*

Les euphorbes

Le liquide blanc qui s'écoule des tiges ou des feuilles cassées cause des brûlures sur la peau. Tout contact avec les yeux est très dangereux et doit être indiqué au médecin.

☀ *été*

Le laurier tin

Il est très décoratif grâce à ses fleurs blanches en hiver et ses fruits bleus. On le trouve aussi beaucoup chez les fleuristes. Les fruits sont toxiques et causent des problèmes digestifs.

☀ *hiver*

Les viornes

Ce sont des arbustes très décoratifs. Les viornes ont des fruits qui provoquent des nausées et des vomissements.

 mai

Les légumes du potager

Le chou de Bruxelles
On mange les bourgeons. Ils ressemblent à de petites boules, fixées le long des tiges.
🧺 *automne et hiver*

Le chou-fleur
La grosse boule blanche que l'on mange est formée par les fleurs de cette variété de chou.
🧺 *été et automne*

Le chou
C'est une grosse boule verte ou rouge à larges feuilles serrées.
🧺 *été, automne ou hiver selon les variétés*

Le haricot sec
On mange ses graines qui se développent dans des gousses épaisses et renflées.
🧺 *fin de l'été*

Les salades
À feuilles vertes ou rouges, simples ou frisées, les variétés de salades sont multiples.
🧺 *de juin à octobre*

Le poireau
On mange la partie blanche, à la base des feuilles.
🧺 *hiver*

L'épinard
Ses feuilles vert foncé sont allongées, en forme de flèche.
🧺 *avril, mai ou automne*

Le haricot vert
De longues gousses succèdent aux fleurs blanches ou parfois rouges. Si on les cueille très tôt, les haricots sont "fins". 2 ou 3 jours plus tard, les haricots sont plus gros, mais ils ont alors "des fils".
🧺 *été*

Le pois
Les petits pois sont les graines vertes, rondes et dures comme des billes, contenues dans les gousses que l'on appelle des "cosses". Ils doivent être cueillis un peu avant d'être mûrs.
🧺 *été*

L'artichaut
On mange l'énorme bouton de la fleur, qui, si on la laisse fleurir, ressemble à un gros chardon.
🧺 *été*

tomates

poireaux

haricots

salades

fraises

carottes

choux

épinards

haricots

radis

Quelle est donc cette plante?

La courgette

C'est une cousine du potiron, de forme allongée et à la peau toute verte ou marbrée de taches plus claires. Ses fleurs aussi peuvent se manger, en beignets.
été

L'aubergine

Sa peau, souvent de couleur violette, mais parfois de couleur blanche, est toute lisse.
été

Le concombre

Tout vert et lisse, il ressemble à la courgette.
été

La tomate

Ce fruit se développe en grappes. Il en existe beaucoup de variétés, pas toujours rouges, mais parfois orange ou jaunes. Celles qui restent petites s'appellent des tomates cerises.
été.

Le potiron

Connu aussi sous le nom de citrouille, c'est un très gros fruit orange, aplati ou rond comme un ballon selon les variétés. Sa chair est ferme et renferme de gros pépins blancs.
octobre

Le melon

C'est un cousin du potiron dont on apprécie la chair orange, sucrée et très juteuse durant tout l'été.
été

La pomme de terre

Les pommes de terre se forment le long des racines de cette plante aux fleurs blanches.

🧺 *à partir du milieu de l'été*

La carotte

Sa racine, qui s'enfonce à la verticale dans le sol, gonfle et prend une belle couleur orange.

🧺 *entre juin et octobre*

Le radis

C'est la base de la racine qui enfle et se colore de rouge.

🧺 *entre mai et octobre*

La betterave rouge

Ce légume très juteux se mange cuit.

🧺 *de juillet à novembre*

Le navet

Le navet est cultivé pour sa racine blanche et violette au goût piquant. Il met 8 à 10 semaines à pousser.

🧺 *automne*

Les légumes racines

La pomme de terre, la carotte, le radis, la betterave et le navet sont des légumes racines : on ne mange que la partie qui se développe dans la terre. Il ne faut pas les planter trop près les uns des autres pour que les racines se développent correctement.

Les plantes aromatiques

L'estragon
Il ressemble à un petit arbuste avec ses tiges dures garnies de feuilles allongées et vert tendre qui ont beaucoup de goût.

🌿 *sauces, salades, omelettes*

La ciboulette
Ses feuilles redressées sont creuses. Les fleurs sont regroupées en petites boules roses.

🌿 *vinaigrette, fromage blanc*

Le fenouil
C'est une grande plante aux feuilles très fines, qui sentent l'anis.

 *poissons, grillades, papillotes*

La menthe
Plus ou moins poivré, le parfum de la menthe est frais et très agréable.

🌿 *thé, glace, taboulé*

L'origan
Son parfum rappelle celui du thym. En été, ses fleurs roses attirent les insectes.

🌿 *pizzas*

Le persil
Ses feuilles vertes, plates ou frisées, ont un goût prononcé qui ne plaît pas toujours. Pourtant, c'est l'une des meilleures herbes aromatiques pour la santé.

 *salades, légumes à la vapeur, poissons*

Le basilic
Il possède de larges feuilles tendres, plus ou moins grandes selon la variété.

🌿 *sauce tomate, pizzas, pâtes*

Le romarin
Ses feuilles, étroites et très dures, sont vert foncé dessus et blanches dessous.

🌿 *pommes de terre sautées, viandes grillées*

Le laurier
C'est un arbuste, aux feuilles très dures, allongées et pointues.

🌿 *sauces*

Le thym
Le thym forme un petit buisson qui vit seulement 2 ou 3 ans.

🌿 *viandes, légumes, tisanes*

82

Les céréales

Le blé

L'épi est nu. De forme allongée, mais arrondie aux extrémités, la graine est fendue d'un trait au milieu.

🐛 Il est "en herbe" en juin et mûrit en août.

L'orge

L'épi est garni de longues barbes. La graine ressemble à celle du blé, mais elle est plus grosse, plus ronde.

🐛 Il apparaît en mai et se récolte début juillet.

Le riz

Il existe deux grands types de riz : le rond, qui a tendance à coller à la cuisson et le long. Le riz pousse sous des climats chauds, dans des champs inondés : les rizières.

🐛 En France, on cultive le riz en Camargue. En avril, les rizières sont inondées grâce à des grosses pompes qui tirent l'eau du Rhône. Le riz est récolté en septembre.

Le seigle

L'épi est garni de barbes plus courtes que celles du seigle. La graine ressemble à celle du blé, juste un peu plus étroite, la ligne creuse est moins marquée.

🐛 Il apparaît en mai mûrit en juillet.

L'avoine

L'épi est ouvert, ramifié. La graine, environ 2 fois plus longue que celle du blé, est pointue aux extrémités.

🐛 Il apparaît en juin et se récolte en juillet.

Le maïs doux

C'est une grande plante qui produit des épis de graines jaunes, enveloppés dans de grandes feuilles. Cueillis juste avant leur maturité, les épis de maïs sont tendres, juteux et pleins de vitamines. Pour faire de l'huile, on cultive d'autres variétés.

🧺 fin de l'été

Les **arbres** du verger

poirier
en espaliers

prunier
(début avril)

cerisier
(mi-avril)

pêcher
(fin mars-
début avril)

groseillier (avril)

poirier
(début avril)

pommier (fin avril-début mai)

pêcher nain (mars)

poirier en espaliers

cerisier
(juin-juillet)

prunier (août)

pêcher
(juillet-août)

groseillier (juillet)

poirier
(septembre-
octobre)

pommier (octobre-novembre)

pêcher nain (juillet)

Les **arbres** des rues

Le platane
Ses feuilles sont découpées en triangles. Les bords sont garnis de pointes très effilées. L'écorce du tronc s'enlève chaque année par plaques.

L'érable sycomore
Ses feuilles ont 5 grandes parties, mais on dirait que les pointes ont été rabotées. L'écorce de l'érable est grise.

Le marronnier
Sa grande feuille est palmée : elle est composée de différentes parties réunies en un seul point, au bout de la queue. Au printemps, elles sont magnifiques quand elles se déplient.

L'érable faux-platane
Ses feuilles ont 5 grandes pointes et beaucoup de petites, comme celles du platane. Mais elles sont un peu plus petites et moins épaisses. L'écorce est grise et bien lisse.

Le robinier ou faux-acacia

Cet arbre pousse très vite et ses jeunes branches sont garnies d'épines. En juin, les arbres adultes produisent de très nombreuses grappes blanches. Ses feuilles peuvent atteindre 35 cm de longueur.

L'ailanthe

C'est un grand arbre à croissance très rapide. Il pousse facilement en ville. Ses longues feuilles qui dépassent souvent 80 cm sont composées de folioles pointues.

Le peuplier

Cet arbre pousse en plantations régulières. Ses feuilles ont la forme d'un triangle, avec une base plus ou moins arrondie.

Le sophora

De plus en plus apprécié pour sa croissance rapide, cet arbre est souvent planté le long des rues. Ses feuilles sont composées de folioles allongées et pointues.

Le paulownia

Les grandes feuilles sont regroupées par 2. Les fleurs mauves apparaissent avant les feuilles, au début du mois de mai.

Le cerisier du Japon

Au printemps, il croule sous les fleurs, le plus souvent roses. Ensuite, ses feuilles ressemblent à celles d'un cerisier normal : ovales, munies de petites dents et se terminant en pointe.

Le ginkgo

Cet arbre curieux porte des feuilles en forme d'éventail. Elles sont vert tendre et épaisses.

Le févier

Ses petites feuilles donnent une ombre légère. Elles sont composées de folioles grandes comme l'ongle d'un doigt.

Le tilleul

Sa feuille dessine presque un cœur. L'arbre fleurit en juin. Ses petites fleurs vert jaune très parfumées sentent bon le miel. Elles sont utilisées pour faire de la tisane.

87

Les arbres des jardins

L'arbre de soie

Il pousse surtout dans les régions au climat doux. Ses feuilles sont composées de très fines folioles. Les fleurs ressemblent à de petits pompons roses. Elles s'épanouissent en juin et en juillet.

L'arbre de Judée

Ce petit arbre possède des feuilles qui ressemblent à un cœur. Les fleurs roses sont collées aux branches et au tronc en mars ou en avril, avant l'apparition des feuilles.

Le cytise

C'est au printemps qu'il est le plus beau, quand ses branches sont chargées de grappes jaunes. Ensuite il forme des fruits comme des haricots, qui contiennent des graines noires. Attention ! Il ne faut surtout pas les avaler.

Le bouleau pleureur

Il a une forme pittoresque avec son tronc, qui ne pousse pas droit, et ses branches, qui retombent jusqu'au sol. Quand il est assez grand, on peut facilement aménager une cabane au-dessous.

L'érable du Japon

C'est un très joli petit arbre, aux feuilles légères, à 5 pointes. Il en existe des verts ou des rouges. C'est en automne qu'ils sont les plus beaux, quand les feuilles deviennent orange ou rouge écarlate.

L'eucalyptus

C'est l'arbre qui pousse le plus vite : parfois 2 m en un été ! On le reconnaît facilement à son odeur et à ses feuilles gris-bleu argenté. Elles sont rondes quand l'arbre est jeune, mais elles s'allongent quand l'arbre vieillit.

Le lilas d'été

C'est un arbre qui pousse là où les hivers ne sont pas très froids. En été, il produit de grands bouquets de fleurs rouges, roses ou blanches, qui ont une allure très exotique.

Le pommier décoratif

Ce petit arbre est très joli au printemps, quand il fleurit. Ses fleurs sont blanches ou quelquefois roses. Plus tard, en automne, certains sont encore très décoratifs grâce à leurs petits fruits. Jaunes, rouges ou orange, ils ont la taille d'une cerise, mais ce sont des pommes. Tu peux les croquer sans danger !

Le sorbier

Cet arbre léger est facile à reconnaître en automne. Ses branches ploient sous le poids des nombreux fruits orange réunis en grappes. Mais cela ne dure pas longtemps car les oiseaux s'en régalent dès qu'ils sont mûrs.

Le saule pleureur

C'est un grand arbre, réservé aux très grands jardins ou aux parcs. Il s'étale beaucoup et ses branches jaunes, qui descendent jusqu'à terre, ressemblent à des rideaux. Il ne pousse bien que dans la terre humide.

Les arbres des bois et forêts

Le chêne
Cet arbre peut vivre très longtemps. Ses feuilles ont les bords ondulés. Son écorce gris-brun est épaisse et rugueuse. En automne, on trouve des glands à ses pieds.

Le charme
Ovales et pointues, ses feuilles semblent plissées. Les bords sont dentés. L'écorce grise semble parcourue de veines.

Le merisier
Il possède la même feuille que le cerisier à fleurs : ovale, pointue et légèrement dentée. Au printemps, il est couvert de fleurs blanches.

Le mélèze
En été, il ressemble à un sapin avec des aiguilles vert bleuté. En automne, il devient tout jaune et perd toutes ses aiguilles !

Le bouleau
Ses feuilles ont presque la forme d'un losange. Son tronc est blanc, plus ou moins taché de noir. Il pousse surtout en lisière des forêts et dans les clairières.

Le hêtre
Ses feuilles forment un large ovale et sont pointues à l'extrémité. Elles sont lisses, brillantes et portent des poils sur les bords lorsqu'elles sont jeunes.

Le pin sylvestre
C'est un joli pin aux aiguilles bleutées. Elles sont toujours groupées par deux.

Le frêne
Ses feuilles sont composées de 5 à 9 parties pointues. En hiver, il est facile à reconnaître avec ses branches gris clair portant des bourgeons noirs.

L'épicéa
C'est notre sapin de Noël. On le reconnaît à ses aiguilles piquantes et à ses "pommes de pin" retombantes.

90

Les arbustes sauvages

L'aubépine

Ce buisson est très épineux. En mai, ses fleurs sont blanc pur et rosissent en fin de floraison. En automne, les branches sont couvertes de fruits rouges qu'il vaut mieux ne pas manger.

Le cornouiller sanguin

Ce buisson est souvent le premier à changer de couleurs avant l'automne. Ses fruits sont noirs et ses jeunes branches ont une écorce rougeâtre.

Le saule marsault

Ce saule pousse près des lacs et des marais. Ses feuilles sont grandes, ovales, un peu argentées dessous. En février, ses branches sont chargées de magnifiques chatons argentés.

Le troène

Ses feuilles très allongées persistent en hiver. Ses fleurs blanches en juillet deviennent des fruits noirs en septembre.

Le baguenaudier

Ce buisson produit des fleurs jaunes qui ressemblent à celles des genêts. Ses fruits semblent gonflés comme des petits sacs et claquent avec un bruit sec quand on appuie dessus.

L'érable champêtre

Ses feuilles sont découpées en 5 parties. Vert tendre au printemps, elles sont d'un magnifique jaune d'or en automne. Son écorce est brun pâle et forme des écailles.

L'ajonc

Ce buisson pousse surtout dans le sable, en bord de mer. Ses branches sont vertes et ses fleurs sont jaunes. Mais il vaut mieux ne pas s'y frotter car il porte de très nombreuses épines redoutables...

Le genêt

On le trouve en lisière de certains bois ou dans les landes. Cet arbrisseau fleurit en mai. Ses très nombreuses fleurs jaunes dégagent un fabuleux parfum de miel. Contrairement à l'ajonc, il n'a pas d'épines.

Les arbustes du jardin

Groseillier à fleurs

Cet arbuste fleurit au printemps : de mars à mai, il se couvre de fleurs roses en grappes pendantes. Ses feuilles sont larges et découpées.

La spirée blanche

C'est un buisson tout rond, qui fleurit en avril. Les fleurs blanc pur sont toutes situées au-dessus des branches, ce qui donne l'impression que l'arbuste est couvert de neige.

Le forsythia

Il fleurit dès le mois de mars. Ses grandes fleurs jaunes ont 4 pétales. On le surnomme aussi "mimosa de Paris".

Le rhododendron

Cet arbuste à feuillage persistant fleurit à la fin du printemps. Ses fleurs sont groupées et ressemblent à des clochettes. Elles retombent sur les feuilles vert foncé, luisantes sur le dessus.

Le lilas

C'est un grand buisson ou parfois un petit arbre qui fleurit à la fin d'avril ou en mai. Ses bouquets de fleurs mauves ou blanches sentent très bon. Il existe des fleurs simples ou des doubles.

La boule de neige

C'est un grand arbuste qui fleurit en mai. Ses fleurs sont d'abord vertes, puis blanches et regroupées en boules parfaites.

La potentille

Ce buisson haut de 1m environ fleurit durant toute la belle saison. Ses fleurs ont toujours 5 pétales presque ronds, jaunes, blancs, orange ou roses.

L'hortensia

On appelle ses fleurs des "têtes" car ce sont de grosses boules bleues, roses ou blanches. Ses feuilles tombent en automne. Cet arbuste n'aime ni la grosse chaleur ni trop de soleil direct.

Le buddleia

On l'appelle "arbre à papillons". Ses toutes petites fleurs sont regroupées en longs épis au bout des branches. Bleues, violettes, roses, rouges ou blanches, elles sentent le miel.

Le millepertuis

Ce petit arbuste fleurit de juillet à septembre. Il a de grandes fleurs jaune d'or.

Le rhus

En automne, ses longues feuilles composées deviennent rouge écarlate ou orange. Cela ne dure que 2 semaines, mais c'est vraiment magnifique.

Le cornouiller à bois rouge

En hiver, cet arbuste est le plus coloré du jardin grâce à ses branches. Leur écorce d'un très beau rouge corail se remarque de loin.

Le mahonia

Il ressemble à un houx, mais ses fleurs sont jaunes. Ses feuilles sont composées de plusieurs morceaux. Normalement bien vertes, elles deviennent brunes ou violettes quand il fait froid.

Le houx panaché

Ses feuilles piquent mais elles ont de belles couleurs brillantes. Certaines sont bordées de blanc ou de jaune, d'autres ont une tache de couleur au milieu.

La bruyère

Avant que les fleurs ne s'épanouissent, ses branches ressemblent à celles de petits sapins. Les fleurs, en clochettes roses, rouges ou blanches forment des épis au bout des branches, entre décembre et avril.

L'aucuba

Ce buisson a de grandes feuilles ovales et pointues. Vert tendre, elles sont éclaboussées de jaune de manière irrégulière. Ses feuilles durent tout l'hiver.

L'hibiscus

Ce bel arbuste fleurit en août et en septembre. Ses grandes fleurs s'ouvrent en cornet, comme une trompette. Elles ne durent qu'une journée, mais sont remplacées le lendemain.

Le buis

Cet arbuste reste toujours vert. Ses petites feuilles ont une forme arrondie. Il ne pousse pas vite et se taille facilement. On peut ainsi s'amuser à le sculpter pour lui donner la forme d'un petit animal.

Index